SOZIALE ARBEIT AKTUELL

Zwischen Autonomiebestreben und Hilfebedarf

Unbegleitete minderjährige Flüchtlinge
in der Jugendhilfe

Von

Katharina Detemple

Band 22

Soziale Arbeit Aktuell

Herausgegeben von Hans Günther Homfeldt, Roland Merten,
Wolfgang Schröer, Cornelia Schweppe

Hausarbeit zur Erlangung des Grades einer Magistra Artium am Institut für
Erziehungswissenschaften der Johannes Gutenberg-Universität Mainz

Gedruckt auf umweltfreundlichem Papier (chlor- und säurefrei hergestellt).

Bibliografische Information der Deutschen Nationalbibliothek

Die Deutsche Nationalbibliothek verzeichnet diese Publikation in der Deutschen Nationalbibliografie; detaillierte bibliografische Daten sind im Internet
über ›http://dnb.d-nb.de‹ abrufbar.

ISBN: 978-3-8340-1239-5

Schneider Verlag Hohengehren, D-73666 Baltmannsweiler

Homepage: www.paedagogik.de

Inhaltsverzeichnis

Abbildungs- und Tabellenverzeichnis

Abkürzungsverzeichnis

Abb.	Abbildung
Abs.	Absatz
AEMR	Allgemeine Erklärung der Menschenrechte
Art.	Artikel
AsylbLG	Asylbewerberleistungsgesetz
AsylVfG	Asylverfahrensgesetz
AufenthG	Aufenthaltsgesetz - Gesetz über den Aufenthalt, die Erwerbstätigkeit und die Integration von Ausländern im Bundesgebiet
AufenthV	Aufenthaltsverordnung
BAMF	Bundesamt für Migration und Flüchtlinge
BMZ	Bundesministerium für Wirtschaftliche Zusammenarbeit und Entwicklung
bzw.	beziehungsweise
ebd.	ebenda
EMRK	Europäische Menschenrechtskonvention
GFK	Genfer Flüchtlingskonvention
GG	Grundgesetz
HCR	s. UNHCR
IOM	International Organisation for Migration
Kap.	Kapitel
KJHG	Kinder- und Jugendhilfegesetz
OAU	Organisation of African Unity
s.	siehe
SGB	Sozialgesetzbuch
Tab.	Tabelle
UMF	unbegleitete minderjährige Flüchtlinge
UN	United Nations/ Vereinte Nationen
UNHCR	United Nations High Comissioner for Refugees
UN-KRK	UN-Kinderrechtskonvention
vgl.	vergleiche
SCEP	Separated Children in Europe Programme
B-UMF	Bundesfachverband Unbegleitete Minderjährige Flüchtlinge
IP	Interviewpartner
ICD 10	International Classification of Diseases
DSM-IV	Diagnostisches und statistisches Manual psychischer Störungen
PTBS	Posttraumatische Belastungsstörung

„Und ich habe auch ein Anliegen. Schreiben Sie nach dem Bericht am Ende, dass ich mich bei Deutschland bedanke. Vergessen Sie diesen wichtigen Punkt nicht."[1]

Ich habe mich entschieden, dieses Anliegen nicht ans Ende, sondern an den Anfang meines Buches zu setzen, um ganz sicher zu sein, dass es nicht übersehen wird. Und um es zum Anlass zu nehmen, mich ebenfalls bei den Jugendlichen und Mitarbeitern der besuchten Einrichtung zu bedanken, die mich sehr freundlich und offen aufgenommen haben und ohne die ich diese Forschung und dieses Buch nicht hätte realisieren können.

1.   Einleitung

Der Jugendliche, der sich bedankt, ist achtzehn Jahre alt und lebt seit ungefähr zwei Jahren in Deutschland. Mit knapp sechzehn ist er ohne seine Familie aus seiner Heimat geflohen, um nicht als Kindersoldat zwangsrekrutiert zu werden und lebt nun als sogenannter „unbegleiteter minderjähriger Flüchtling" in einer hessischen Jugendhilfeeinrichtung. Die Zahl vertriebener Kinder und Jugendlicher ist hoch: Weltweit befinden sich 42,5 Millionen Menschen auf der Flucht, 46% von ihnen sind minderjährig (UHCR 2012), viele von ihnen sind zudem ohne ihre Familien oder andere Bezugspersonen unterwegs. Der UNHCR verzeichnete im Jahr 2011 weltweit 17.700 Asylanträge, die von UMF gestellt wurden (ebd.), in Deutschland waren im Jahr 2008 33% der Erstantragsteller unter 18 Jahre alt (Rieger 2010, S. 22).

Wenn unbegleitete minderjährige Flüchtlinge den Weg nach Deutschland gemeistert haben und dort nicht bei Verwandten leben können, werden sie in der Regel in Jugendhilfeeinrichtungen untergebracht. Dort leben sie in Gruppen mit anderen Flüchtlingen oder mit deutschen Jugendlichen und werden von Erziehern und Pädagogen betreut. Die Frage, die sich mir stellt und die ich in diesem Buch zu beantworten versuche, ist: Wie gehen die Jugendlichen mit dieser Situation um? Überwiegt der Wunsch nach Eigenständigkeit oder das Bedürfnis nach Unterstützung? Was bedeutet es für sie, nach gegebenenfalls langer Selbstständigkeit und einem Leben, in dem sie wie Erwachsene für sich (und vielleicht auch für ihre Geschwister oder andere Familienmitglieder) sorgen mussten, auf einmal wieder in die Rolle eines Jugendlichen schlüpfen zu sollen? Sind sie froh und dankbar, Unterstützung zu erhalten, allein in einem fremden Land? Fühlen sie sich herabgesetzt, wenn sie auf einmal wieder wie Minderjährige behandelt werden? Wie geht ein Siebzehnjähriger, der sich monate- oder gar jahrelang allein durchgeschlagen hat, damit um, auf einmal wieder feste Bettgehzeiten zu haben und Hausaufgaben machen zu sollen? Um auf diese Fragen eine Antwort zu erhalten, ist es sinnvoll, nicht erst bei der Ankunft

---

[1] Die wiederholte Aufforderung eines der befragten Jugendlichen

der UMF in der Jugendhilfeeinrichtung anzusetzen, sondern auch einige grundlegende Fakten zum Thema Flucht und Migration zu kennen.

Ich werde daher in diesem Buch nicht nur die Lebensumstände junger Flüchtlinge in deutschen Jugendhilfeeinrichtungen beschreiben, sondern auch auf die Situation von Flüchtlingen außerhalb Deutschlands sowie auf die politische Haltung Europas und Deutschlands gegenüber Asylsuchenden eingehen. Der Leser mag den Einwand erheben, dass ich damit sehr weit aushole, doch ich stimmte Mary Carol Hopkins zu, wenn sie schreibt:

„To understand a specific refugee community and the refugee condition itself, one cannot merely observe the present situation, but must also have an understanding of the circumstances that led to their refugee status, of their flight itself, and of the interim periods in asylum." (Hopkins 1998, S. 59)

Ich werde daher zunächst auf den Begriff der Flucht eingehen und klären, wer als Flüchtling gilt, wie die wichtigsten Fluchtrouten nach Europa aussehen und welche Dokumente und Institutionen Flüchtlingen und insbesondere minderjährigen Flüchtlingen Schutz bieten. Dem Weg der Flüchtlinge folgend werde ich anschließend auf die europäische und die deutsche Asylpolitik eingehen, die Rahmenbedingungen umreißen, die die jungen Flüchtlinge in Deutschland erwarten und darstellen, welche Unterstützungsmöglichkeiten sie dort haben, vor welchen Herausforderungen sie stehen und wie ihr Alltag sich gestaltet. Vor dem Hintergrund dieser Informationen werde ich im Anschluss meine Forschungsergebnisse vorstellen sowie einige Überlegungen zu deren Bedeutung für diejenigen, die den Alltag der jungen Flüchtlinge mitgestalten.

2. Was bedeutet eigentlich „Flucht"?

Die Beschäftigung mit der Situation von unbegleiteten minderjährigen Flüchtlingen setzt – wie bei allen Thematiken – eine genaue Betrachtung der Termini voraus. Die Begriffe „unbegleitet" und „minderjährig" werfen meines Erachtens Fragen auf, die nicht nur, aber hauptsächlich rechtlicher Natur sind und in den Kapiteln 3.2 und 5.2 behandelt werden.

Bei der Beschäftigung mit dem Begriff der „Flucht" stellt sich jedoch schnell heraus, dass die Definition dessen, was Flucht ist, bzw. wann von Flüchtlingen gesprochen wird, weniger klar ist, als der Alltagsgebrauch des Wortes es vermuten lässt. Wer ist eigentlich „Flüchtling"? Was bedeutet es, zu fliehen, seine Heimat abrupt zurückzulassen? Wie kommt es dazu, dass Kinder ohne ihre Eltern fliehen? Wie muss man sich eine Flucht konkret vorstellen, wo suchen Flüchtlinge Schutz, welche Wege stehen ihnen offen? Sprich: Was hat ein (junger unbegleiteter) Flüchtling erlebt, der Deutschland erreicht und dort gegebenenfalls Aufnahme findet?[2]

2.1. Flüchtling oder Migrant? Zur Problematik des Fluchtbegriffs

Die Frage „Flüchtling oder Migrant?" ist für die Personen, die sie betrifft, von essentieller Bedeutung, denn insbesondere in Europa entscheidet sie häufig über „bleiben" oder „nicht bleiben". Aber wie genau unterscheidet sich ein Flüchtling von einem Migranten, bzw. was ist die Besonderheit eines Flüchtlings? Geht man dieser Frage nach, stellt sich schnell heraus, dass der Flüchtlingsbegriff wenig präzise ist und im wissenschaftlichen Kontext nur mit Vorsicht verwendet werden kann.

Im *Brockhaus* ist zu lesen, „Flüchtling" sei ein „unpräziser und umstrittener Sammelbegriff für Personen, die durch polit. (Zwangs-)Maßnahmen, Kriege und existenzgefährdende Notlagen veranlasst wurden, ihre Heimat vorübergehend oder auf Dauer zu verlassen." (Brockhaus 1998 Bd.7, S. 400) Der Unterschied besteht also zunächst einmal in der Freiwilligkeit der Migration, aber hier schließt sich die Frage an: Wo liegt die Grenze zwischen Freiwilligkeit und äußerem Zwang?

Der UNHCR als weltweit wohl größter und bedeutendster Akteur der Flüchtlingshilfe, sowie alle Staaten, die diese Konvention unterzeichnet haben, berufen sich bei der Vergabe des Flüchtlingsstatus vor allem auf die Genfer Flüchtlingskonvention (GFK), die in Art. 1 solche Personen als Flüchtlinge benennt, die ihr Heimatland aus begründeter „Furcht vor Verfolgung wegen ihrer Rasse, Religion, Nationalität, Zugehörigkeit zu einer bestimmten sozialen Gruppe oder wegen ihrer politischen Überzeugung" verlassen haben. Ergänzt wird der Flüchtlingsbegriff durch verschie-

---

[2] *In den beiden folgenden Abschnitten existieren thematische Überschneidungen mit einer früheren empirischen Forschung, die gemeinsam mit Maren Griepentrog stattfand. Sie basieren daher auf ähnlichen Quellen und weisen eine inhaltliche wie auch strukturelle Nähe zu den Texten von Griepentrog (2011) und Detemple (2011) auf.*

dene regionale Konventionen, beispielsweise durch eine 1969 von der OAU verabschiedete Flüchtlingskonvention sowie verschiedene UN-Resolutionen, die auch durch Katastrophen und Kriegsereignisse Vertriebenen ein Recht auf Asyl zugestehen. (Brockhaus 1998, S. 400; s. auch Kap. 3.1 dieses Buches)

Da der Fokus dieses Buches jedoch nicht auf der rechtlichen Kategorisierung von Menschen liegen soll (auch wenn diese für die untersuchte Personengruppe von nicht zu unterschätzender Bedeutung ist), sondern auf der psychosozialen Situation, ist es sinnvoll, den Flüchtlingsbegriff in einem weiteren Rahmen zu betrachten. Die oben genannten Gründe decken meines Erachtens nur einen Bruchteil dessen ab, was Menschen zur Flucht bewegen kann. Wie steht es zum Beispiel mit dem Streben nach verschiedenen Menschenrechten, die laut Präambel der AEMR allen Menschen „gleich und unveräußerlich" zustehen? Wer seine Heimat verlässt, weil die dortigen Umstände beispielsweise sein Recht auf einen Lebensstandard, der die eigene Gesundheit, das eigene Wohl und das der Familie oder das Recht auf Bildung nicht gewährleisten können (vgl. AEMR, Art. 26f.), wird mit einem missbilligenden Unterton häufig als Wirtschaftsflüchtling bezeichnet und gilt damit nicht als asylberechtigt. Zudem ist zu bedenken, dass die meisten Menschen, die fliehen, nicht geordnet ihre Koffer packen und ihre Geschichte zurechtlegen, bevor sie aufbrechen. Für viele ist es daher schwer nachzuweisen, dass sie tatsächlich Flüchtlinge sind und einen Anspruch auf Asyl und Schutz durch zwischenstaatliche Organisationen haben. Kurz:

> „There are asylum seekers without documents who are refugees, and there are asylum seekers with valid travel documents who are most definitely not. There are people who articulate a false story well, and people who articulate a true story badly – or not at all (because it is too painful and too personal). And there is a grey zone: people who are leaving a country where persecution and discrimination are unquestionably occurring, and the economy is also dire. Are people leaving such countries for refugee reasons, or economic ones – or do both sets of reasons fuse into one that is, in many cases, almost impossible to unravel? And what about the people who leave their country for refugee reasons, and then keep on moving for economic ones (so-called 'secondary movers')?" (Colville 2007, S. 2)

Genau genommen müsste man also nicht nur zwischen freiwilliger und erzwungener Migration unterscheiden, sondern innerhalb dieser vom UNHCR als *forcibly displaced people* bezeichneten Personengruppe[3], die wir umgangssprachlich „Flüchtlinge" nennen, zusätzlich differenzieren zwischen *Asylsuchenden*, die auf der Flucht illegal ein Land betreten haben und keine Form der Aufenthaltserlaubnis haben, *Asylbewerbern*, also Menschen, die in einem anderen Land als ihrem Heimatland einen Antrag auf Asyl gestellt haben, über den noch nicht entschieden wurde, *anerkannten Flüchtlingen*, denen im Aufnahmeland Asyl gewährt wird und solchen

---

[3] Der UNHCR selbst differenziert den Begriff *forcibly displaced people* mit den Untergruppen Flüchtlinge, Asylsuchende, Binnenvertriebene, Staatenlose und *returnees*, also Menschen, die nach der Flucht in ihre Heimat zurückgekehrt sind und Unterstützung zur Reintegration benötigen. (UNHCR 2012: 37)

Menschen, deren Antrag abgelehnt wurde, die sich aber nichtsdestotrotz in einer Notlage befinden bzw. vor einer solchen geflohen sind.

Viele Flüchtlinge und Migranten äußern Unverständnis gegenüber diesen Einteilungen. Ein Migrant, den ich 2011 in Marokko befragte und der viele Jahre illegal in Marokko lebte, bevor er eine Aufenthaltsgenehmigung bekam, sagte zu der Thematik:

> „On est <u>tous</u> migrants avant d'être réfugiés. [...] Les réfugiés ça entre dans la politique de l'externalisation de l'asile de l'Union Européenne [...]. On essaye de vous diviser: 'Oui, toi, ton pays en guerre, c'est normal, c'est les raisons de guerre qui t'en poussaient', le HCR en fait: 'Alors, on peut t'accorder le droit d'asile.' Même dans cette /voie?/ d'asile, eh, il faut voir les critères, parce que c'est pas tous les Ivoiriens qui sont réfugiés, c'est pas tous les Congolais qui sont des réfugiés. [...] Non! C'est les mêmes causes qui produisent les mêmes effets. Et par le /?/ site des Ivoiriens que réfugiés, soit plus à l'aise que le Camerounais qui n'est pas en guerre. (Tranksription IP16: 137ff.)" (Detemple 2011, S. 14)[4]

Da die Personengruppe, um die es in diesem Buch gehen soll, in der Regel nicht freiwillig sondern aufgrund äußerer Zwänge migriert bzw. weitermigriert ist und da dies der Grund ist, warum sie sich zur Zeit in Deutschland aufhalten können, habe ich mich entschieden, vereinfachend und im Sinne des erweiterten Begriffs von „Flüchtlingen" zu schreiben und nur dann exakter zu differenzieren, wenn der genaue Status einer Person von Bedeutung ist.

2.2. Flucht- und Migrationsbewegungen weltweit

Zahlen und Fakten

Im Jahr 2011 lebten weltweit 214 Mio. Menschen außerhalb ihres Herkunftslandes, etwa ein Fünftel von ihnen galten als *forcibly displaced people*. (Angendent 2009, S. 40; UNHCR 2012, S. 2; BMZ 2011) Damit war die Zahl der weltweiten Flüchtlinge seit Mitte des 20. Jahrhunderts nicht mehr so hoch wie heute. Im Jahr 2009 herrschten in 78 Staaten, also in knapp 40% aller Staaten der Welt, bewaffnete Konflikte in Form von Bürgerkriegen, zwischenstaatlichen Konflikten und militärischen Interventionen – ein Faktor, der wesentlich dazu beiträgt, dass der UNHCR allein im Jahr 2011 42 Millionen Menschen registriert, die aus ihrer Heimat vertrieben wurden, 15,2 Millionen von ihnen gelten als Flüchtlinge im engeren Sinne. Die reale Zahl

---

[4] „Wir sind alle zunächst Migranten und nicht Flüchtlinge. [...] Flüchtlinge, das hat mit der Asyl-Externalisierungspolitik der Europäischen Union zu tun [...]. Man versucht, euch zu trennen: ,Ja, du, dein Land [ist] im Krieg, das ist normal, es sind Kriegsgründe, die dich von dort vertrieben haben', der HCR macht daraus: ,Also können wir dir das Recht auf Asyl gewähren.' Auch mit dieser Asylgeschichte, eh, man muss die Kriterien betrachten, denn es sind nicht alle Ivorer Flüchtlinge, es sind nicht alle Kongolesen Flüchtlinge. [...] Nein! Es sind dieselben Gründe die dieselben Effekte produzieren. Und auf der Seite der Ivorer, [warum sollte er] es bequemer haben als der Kameruner, der nicht im Krieg ist."

derer, die sich auf der Flucht befinden, dürfte jedoch noch deutlich höher liegen. (UNHCR 2012, S. 2f.; Düvell 2011, S. 30)

Betrachtet man die weltweite Verteilung der Flüchtlinge, wird deutlich, dass Asien bzw. die Pazifik-Region und Afrika mit dem höchsten Aufkommen konfrontiert sind, während Europa lediglich 15%, der amerikanische Kontinent sogar nur 8% der Flüchtlinge beherbergt (vgl. Abb.1).

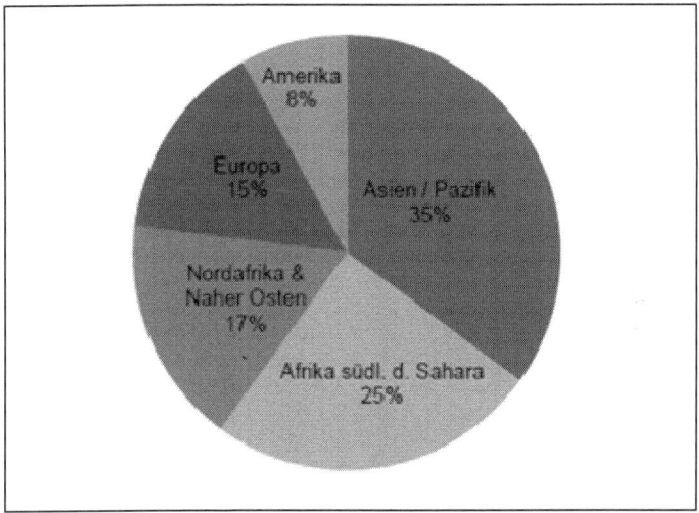

Abb. 1: Weltweite Verteilung der durch den UNHCR registrierten Flüchtlinge.
Datenquelle: UNHCR 2012: A year of crises. Global trends 2011.

Vier Fünftel aller Flüchtlinge befinden sich in Entwicklungsländern, wobei Hauptaufnahmeländer derzeit Pakistan und der Iran sind, während das zahlenmäßig bedeutendste Herkunftsland Afghanistan ist. (UNHCR 2012; Düvell 2011) Der Anteil an Frauen und Männern unter den Flüchtlingen ist in etwa gleich groß, 46% sind unter 18 Jahre alt. Meines Wissens existieren keine genauen Angaben über die Anzahl unbegleiteter Minderjähriger, nach Angaben des UNHCR wurden im Jahr 2011 jedoch weltweit 17.700 Asylanträge (4% der Gesamtzahl) von UMF gestellt. (UNHCR 2012, S. 3, 27)

Die wichtigsten Migrationsrouten und das Phänomen der mixed migration

Auch wenn die Zahl grenzüberschreitender Migranten zunimmt und durch die zunehmende Globalisierung große Distanzen immer leichter überwindbar sind, findet entgegen der Szenarien, die von bestimmten Politikern medial beschworen werden, kein expliziter „Flüchtlingsansturm" auf Europa statt.[5] Denn die Sachverhalte sind

---

[5] Man denke an Silvio Berlusconi, der aufgrund der steigenden Flüchtlingszahlen während des arabischen Frühlings 2011 vor einem „menschlichen Tsunami" warnte, der Europa drohe, und

komplexer: Die aktuellen Migrationsbewegungen allgemein und die Flüchtlingsbewegungen im Besonderen zeichnen sich nicht nur durch steigende Globalisierung, sondern auch durch eine Regionalisierung aus. Viele Flüchtlinge fliehen nur so weit wie es nötig ist, um Schutz zu finden und bleiben in ihrer Herkunftsregion, beispielsweise weil sie kein Geld für eine weitere Flucht haben oder auf eine schnelle Rückkehr in ihre Heimat hoffen. Erst wenn ihre ökonomische Lage immer aussichtsloser wird, entschließen sie sich, weiterzuwandern und werden so für die Politik und die Statistiken häufig zu *secondary movers*[6]. (UNHCR 2012, S. 11; Angenendt 2009, S. 40) So verläuft auch eine Flucht in den seltensten Fällen zielstrebig hin zu einem bestimmten Punkt.

„Vielmehr ziehen Flüchtlinge von einem unsicheren über etwas sicherere in sichere Zielstaaten. Beispielsweise ziehen somalische Flüchtlinge über Kenia, Ägypten, oder den Jemen durch Libyen, die Türkei oder die Ukraine in einen EU-Staat. Ebenso ziehen sudanesische Flüchtlinge aus Darfur zuerst nach Libyen und von dort weiter nach Europa. Und afghanische Flüchtlinge ziehen entweder über Pakistan und Indonesien nach Australien oder über Russland und die Ukraine nach Westen. [...] Diese Bewegungen werden als ‚Transitmigration' bezeichnet (Düvell 2006), sie verlaufen häufig durch mehrere Staaten mit Hilfe einer Reihe verschiedener Transportmittel (Flugzeug, Schiff, Zug, LKW und zu Fuß) und können zwischen mehreren Wochen und mehreren Jahren dauern." (Düvell 2011: 41f.)

Abgesehen von der bereits erwähnten Schwierigkeit, Flüchtlinge per Definition von anderen Migranten abzugrenzen, geschieht eine solche Abgrenzung auch räumlich häufig nicht.

So schreibt Jeff Crisp, „[r]efugees and migrants frequently move alongside each other, using the same routes and means of transport, and employing the service of the same human smugglers as they try to reach the same countries of destination." (Crisp 2007, S. 6f.) Er benennt damit das Phänomen der *mixed migration*. Obwohl Flüchtlinge und Migranten also auf den gleichen Wegen (s. Abb. 2), unter den gleichen Bedingungen unterwegs sind und die gleichen Erfahrungen machen (bei denen nicht selten Gewalt und Entbehrung eine große Rolle spielen), haben die einen ein Anrecht auf Asyl und die anderen nicht, so dass diese gemischten Migrationsbewegungen Staaten wie auch zwischenstaatliche Organisationen vor das Dilemma stellen, ihren Asylverpflichtungen nachzukommen und gleichzeitig irreguläre Migration zu verhindern (Crisp 2007, Diederich 2009). Dass dies häufig zulasten der Asylverpflichtungen (und im Falle der minderjährigen Flüchtlinge auch zulasten des Anrechts der Kinder und Jugendlichen auf besonderen Schutz) geht, wird im Kap.4 deutlich werden.

---

an den italienischen Innenminister Maroni, der gar von einem „Exodus biblischen Ausmaßes" sprach. (*Spiegel Online* vom 11.04.2011)
[6] Dies ist häufig mit einer Illegalisierung verbunden, da sie, wenn sie die Region verlassen in der sie einen Anspruch auf den Flüchtlingsstatus haben, zu Wirtschaftsflüchtlingen werden, die nicht durch die GFK und ähnliche Dokumente geschützt werden.

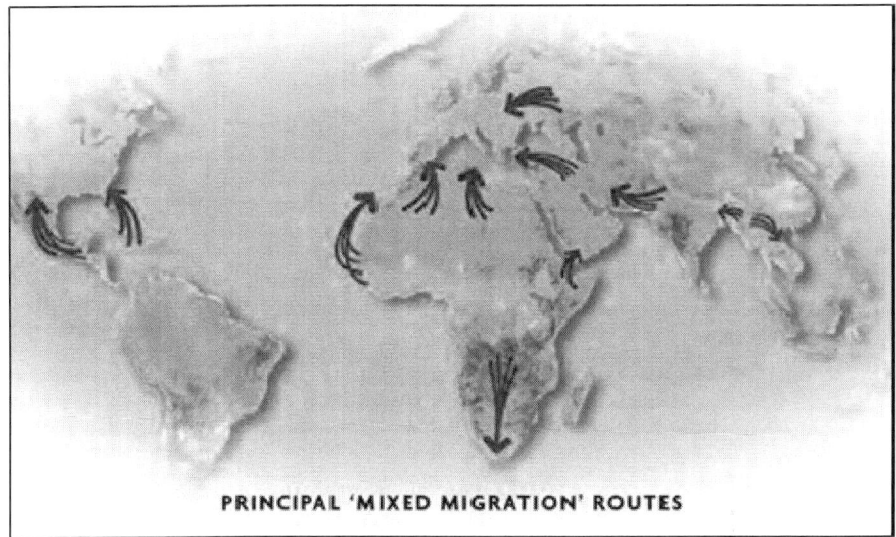

Abb. 2: Hauptrouten der mixed migration movements. *Quelle: UNHCR 2007; S.7*

2.3. Warum Kinder und Jugendliche fliehen

Es gibt vielfältige Gründe, warum Minderjährige allein auf der Flucht sind: Manche beginnen die Flucht gemeinsam mit ihren Eltern und Geschwistern und werden unterwegs von ihren Familien getrennt, andere fliehen, nachdem ihre Familien umgekommen sind. Einige Kinder und vor allem Jugendliche treffen bewusst und eigenständig die Entscheidung zur Flucht ohne ihre Verwandten, bei anderen treffen die Eltern die Entscheidung, sie aus einer Gefahrensituation in Sicherheit zu bringen. Kinder und Jugendliche sind daher häufig in der Rolle von Objekten, über deren Schicksal andere entscheiden und die einem Schlepper übergeben oder in ein Flugzeug gesetzt werden, ohne zu verstehen, warum. Sie werden von ihren Familien, die das Land selbst nicht verlassen wollen oder können, auf die Flucht geschickt, um sie vor Bedrohungen zu schützen. Oft reichen die Ressourcen nur, um einzelnen Familienmitgliedern die Flucht zu ermöglichen, viele Familien verschulden sich hoch und nehmen in Kauf, ihre Kinder in eine unsichere Zukunft zu schicken ohne zu wissen, ob sie sie wiedersehen werden. Andere Familien schicken möglicherweise Kinder fort, weil diese eine Last oder Gefahr für die anderen Familienmitglieder darstellen. (Düvell 2011; Rieger 2010; Rohr/ Schnabel 2000)

Häufig sind die Fluchtursachen von Kindern dieselben wie auch bei Erwachsenen: Sie fliehen beispielsweise aus Krisengebieten, vor kriegerischen Auseinandersetzungen, vor Verfolgung oder Armut. Es gibt jedoch auch altersspezifische Fluchtgründe: Der Wunsch nach Bildung beispielsweise, wenn diese in der Heimat nicht gewährleistet werden kann, oder auch die Flucht vor der eigenen Familie, wenn Kindern oder Jugendlichen dort zum Beispiel Ausbeutung, sexuelle Gewalt oder Zwangsheirat droht. (Klingelhöfer/ Rieker 2003; Rieger 2010)

Exemplarisch sollen hier zwei Fluchtgeschichten dargestellt werden, wie sie die Jugendlichen, die ich während meiner Forschung befragt habe, erlebt haben:

Eileen[7] ist 13 und lebt mit ihrem Vater in einer Großstadt. Ihre Mutter ist früh verstorben, ihr Vater, ein wohlhabender Tuchhändler, kümmert sich um seine Tochter. Ihr Vater engagiert sich in einer Bewegung, die die Interessen der Minderheit vertritt, der sie angehören, und die von der Regierung des Landes als terroristisch eingestuft wird. Eines Nachts kommt die Polizei ins Haus und führt den Vater vor den Augen seiner Tochter ab. Er wird inhaftiert, Eileen lebt nun allein mit der Haushälterin im Haus ihres Vaters, mehrfach werden sie von der Polizei belästigt. Der Vater hatte eine gemeinsame Flucht geplant, nun steigt Eileen allein in ein Flugzeug, das sie nach Deutschland bringt. Dort setzt ihr Schlepper sie vor einer Jugendhilfeeinrichtung ab, sie wird in Obhut genommen und ihr Asylverfahren wird eingeleitet.

Ahmed[7] ist 14, als er ohne Angehörige aus Somalia über die Grenze nach Kenia flieht. Seine Beweggründe und das Schicksal seiner Eltern erwähnt er niemandem gegenüber. Er wird in Kenia verhaftet, da er illegal eingereist ist, und verbringt einige Wochen im Gefängnis, nach seiner Freilassung hält er sich noch einige Monate im Land auf, bevor er nach Uganda weiterreist und von dort aus in den Sudan. Er durchquert die Sahara und gelangt nach Libyen, wo er wieder wegen illegaler Einreise verhaftet wird und eine unbekannte Zeit im Gefängnis verbringt. Über ein Jahr nach Beginn seiner Flucht ergattert er einen Platz auf einem überfüllten Schlauchboot, mit dem er nach Lampedusa gelangt. Dort stellt er einen Asylantrag. Er wird nach einiger Zeit in ein Lager auf dem Festland verlegt, in dem circa 1.000 Personen leben und berichtet, er habe mit 100 anderen Flüchtlingen in einer Halle übernachtet, mit Matratze auf dem Boden, unzureichender medizinischer Versorgung und ständigem Hunger, da die Lebensmittel, die man ihnen gibt, nicht ausreichen. Nach einiger Zeit gibt man ihm ein Papier in die Hand, das besagt, sein Asylantrag sei bewilligt, und setzt ihn auf die Straße. Ahmed ist nun obdachlos, sein Essen sucht er sich in Müllcontainern, gelegentlich bekommt er eine Mahlzeit in einer Kirche. Er wird mehrfach überfallen und seine Papiere werden ihm gestohlen. Der Gewalt auf der Straße ist er nicht gewachsen, außerdem ist er häufig krank. Als er von einem Wohltäter eine größere Summe Geldes bekommt, fährt er nach Norwegen und stellt dort erneut einen Asylantrag, der abgelehnt wird, da er in Italien bereits registriert ist. Zu diesem Zeitpunkt ist er schon seit drei Jahren unterwegs. Nun beginnt eine Odyssee quer durch Europa, die in der Jugendhilfeeinrichtung, in der ich ihn treffe, ein vorläufiges Ende findet. Ob Ahmed dort bleiben kann, ist noch nicht sicher, er lebt zur Zeit mit einer Duldung und ist aufgefordert, zurück nach Italien auszureisen.

---

[7] Um die Anonymität der Jugendlichen zu wahren, wurden Namen und Fluchtdetails verändert. Die Darstellung der Schicksale beruht auf den Aussagen der Jugendlichen.

3. Welche Rechtsdokumente bieten jungen Flüchtlingen Schutz?

Wie im Kapitel 2.1 bereits erwähnt, gibt es verschiedene internationale Rechtsdokumente, die Flüchtlinge schützen und ihnen Aufnahme und Unterstützung in Ländern garantieren sollen, in denen ihnen keine Verfolgung droht. Zudem gibt es verschiedene Dokumente, die der besonderen Schutzbedürftigkeit von allein reisenden Minderjährigen Rechnung tragen und in denen die Unterzeichner sich verpflichten, ihnen altersgemäß alle notwendige Hilfen zukommen zu lassen. Diese Dokumente und ihre Kernaussagen sollen hier im Überblick dargestellt werden.

3.1. Grundlagen des internationalen Flüchtlingsschutzes

Die im Folgenden dargestellten Texte und Institutionen sind die wichtigsten Bausteine des Flüchtlingsschutzes auf internationaler Ebene.

Allgemeine Erklärung der Menschenrechte

1948 beschloss die UN-Generalversammlung in Paris in Reaktion auf die Ereignisse des zweiten Weltkrieges die *Allgemeine Erklärung der Menschenrechte* (AEMR), nach der alle Menschen „Anspruch auf die in dieser Erklärung verkündeten Rechte [...] ohne irgendeinen Unterschied, etwa nach Rasse, Hautfarbe, Geschlecht, Sprache, Religion, politischer oder sonstiger Überzeugung, nationaler oder sozialer Herkunft, Vermögen, Geburt oder sonstigem Stand" (AEMR, Art. 2) haben. Diese Erklärung ist für alle Mitgliedsstaaten der UN verbindlich und kann damit als ein Grundstein des internationalen Schutzes der Menschenrechte betrachtet werden. Artikel 14 dieser Erklärung besagt:

> „Jeder hat das Recht, in anderen Ländern vor Verfolgung Asyl zu suchen und zu genießen." (AEMR, Art. 14)

Er stellt damit einen ersten Schritt hin zu einem ebenfalls internationalen Flüchtlingsschutz dar. Allerdings, so merken viele Autoren kritisch an, gewährt diese Formulierung Flüchtlingen zwar das Recht, Asyl zu beantragen, verpflichtet die einzelnen Nationalstaaten jedoch nicht, diesen Antrag auch zu gewähren. (Oitner 2011, S. 6f.; Bendel 2004, S. 208ff.)

Genfer Flüchtlingskonvention

Die nächste bedeutende Errungenschaft des internationalen Flüchtlingsschutzes ist zum einen die Gründung des *Hohen Kommissariats für Flüchtlinge der Vereinten Nationen* (UNHCR) im Jahr 1950 und zum anderen die Verabschiedung der *Genfer Flüchtlingskonvention* (GFK) im Jahr 1951 sowie deren Zusatzprotokoll aus dem Jahr 1967. Die GFK definiert, wer als Flüchtling asylberechtigt ist und benennt die Rechte, die der Aufnahmestaat ihm gewähren muss. Als Flüchtling gilt nach Art.1 jede Person, die

„aus der begründeten Furcht vor Verfolgung wegen ihrer Rasse, Religion, Nationalität, Zugehörigkeit zu einer bestimmten sozialen Gruppe oder wegen ihrer politischen Überzeugung sich außerhalb des Landes befindet, dessen Staatsangehörigkeit sie besitzt, und den Schutz dieses Landes nicht in Anspruch nehmen kann oder wegen dieser Befürchtungen nicht in Anspruch nehmen will; oder die sich als staatenlose infolge solcher Ereignisse außerhalb des Landes befindet, in welchem sie ihren gewöhnlichen Aufenthalt hatte, und nicht dorthin zurückkehren kann oder wegen der erwähnten Befürchtungen nicht dorthin zurückkehren will." (GFK, Art.1)

Die Originalkonvention von 1951 beschränkt ihre Gültigkeit zunächst auf Ereignisse, die vor 1951 und in Europa stattgefunden haben, also auf die Flüchtlinge des Zweiten Weltkrieges, aber es wird schon bald deutlich, dass diese Vorbehalte nicht aufrecht erhalten werden können. Weltweit steigt die Zahl der Flüchtlinge, unter anderem aufgrund der Bürgerkriege, die mit der Unabhängigkeit vieler afrikanischer Staaten einhergehen. Daher hebt das Zusatzprotokoll von 1967 die zeitliche und räumliche Beschränkung der GFK auf. (Löhr 2010, S. 16f.)

Ein wichtiger Aspekt der GFK ist das Gebot des *non-refoulement*, welches Flüchtlinge davor schützt, in Länder abgeschoben zu werden, in denen ihnen Verfolgung droht:

„Keiner der vertragsschließenden Staaten wird einen Flüchtling auf irgendeine Weise über die Grenzen von Gebieten ausweisen oder zurückweisen, in denen sein Leben oder seine Freiheit wegen seiner Rasse, Religion, Staatsangehörigkeit, seiner Zugehörigkeit zu einer bestimmten sozialen Gruppe oder wegen seiner politischen Überzeugung bedroht sein würde." (GFK, Art. 33, Abs. 1)

Dieser Artikel umfasst nicht nur die direkte Abschiebung in das Herkunftsland, sondern auch sogenannte *Kettenabschiebungen*, also die Abschiebung in Drittländer, von denen aus Flüchtlinge in das Land zurückgeschoben werden, aus dem sie geflohen sind oder in ein solches, in dem ihnen Menschenrechtsverletzungen drohen.

Außerdem benennt die GFK bestimmte Rechte, die das Aufnahmeland einem anerkannten Flüchtling gewähren muss. Dazu gehören unter anderem der Anspruch auf

- Bewegungsfreiheit und die Ausstellung eines Reiseausweises (der sogenannte „Blaue Pass"),
- Zugang zu den gleichen Bildungseinrichtungen und Sozialleistungen wie Inländer,
- Zugang zur Gerichtsbarkeit wie die Inländer und
- Gleichbehandlung bei der Steuererhebung. (vgl. Bendel 2004, S. 211; Löhr 2010, S. 17)

Außerdem ist ihnen eine „möglichst günstige Behandlung zu gewähren (Ausübung einer selbstständigen Tätigkeit oder eines sog. Freien Berufes, Wahrnehmung von Eigentumsrechten) oder eine Gleichstellung mit den am meisten privilegierten Ausländern vorgesehen [...]." (Bendel 2004, S. 211)

Konvention der OAU und andere regionale Konventionen

Während die GFK sich bei der Definition von Flüchtlingen auf das Merkmal der Diskriminierung konzentriert, ergänzen einige regionale Konventionen den Begriff und integrieren in ihre Flüchtlingsdefinition die Problematiken, die sich beispielsweise aus den bereits erwähnten Bürgerkriegen ergeben, in denen nicht nur Menschen fliehen, die konkret auf sie selbst bezogene Diskriminierung erfahren, sondern all diejenigen, die von der Gewalt in den Kriegsregionen betroffen sind. In der Konvention der *Organisation of African Unity* (OAU) findet sich beispielsweise der Absatz:

> „Der Begriff ‚Flüchtling‘ gilt auch für jede Person, die aufgrund von äußerer Aggression, Okkupation, ausländischer Vorherrschaft oder Ereignissen, die ernsthaft die öffentliche Ordnung stören, sei es in ihrem gesamten Herkunftsland oder einem Teil davon oder in dem Land, dessen Staatsangehörigkeit sie besitzt, gezwungen ist, den Ort, an dem sie für gewöhnlich ihren Wohnsitz hatte, zu verlassen, um an einem anderen Ort außerhalb ihres Herkunftslandes oder des Landes, dessen Staatsangehörigkeit sie besitzt, Zuflucht zu nehmen." (OAU-Konvention, Art. 1, Abs. 2)

Ähnliche Formulierungen finden sich auch in der Erklärung von Cartagena, der entsprechenden Konvention in Lateinamerika. Allerdings muss betont werden, dass diese Konventionen nur regionale Gültigkeit besitzen.

Subsidiärer Schutz nach der Europäischen Menschenrechtskonvention

Seit 1989 gibt es auch in Europa einen Schutz für Menschen, die unter Verfolgung oder Bedrohungen leiden, die nicht aus der konkreten Diskriminierung ihrer Person heraus entstehen. Es handelt sich hierbei um den sogenannten *subsidiären Schutz*, der auf der *Europäischen Menschenrechtskonvention* (EMRK) beruht und auf ein Urteil des Europäischen Gerichtshofs für Menschenrechte zurückgeht, in dem entschieden wurde, dass eine Person, deren Ausweisung die Verletzung ihrer Menschenrechte zur Folge hätte, zu schützen ist und Anrecht auf Asyl hat. Dieses Urteil ist Grundlage für den Schutz vieler Bürgerkriegsflüchtlinge, die „wie alle anderen in ihrem Land, den Gefahren des Krieges ausgesetzt [sind]. Wenn Gewalt, Tod, Plünderung und Vergewaltigung unterschiedslos alle bedrohen, fehlt es an einem Diskriminierungsmerkmal." (Löhr 2010, S. 21) An diesem Punkt also, an dem die GFK eine bedeutende Lücke im Flüchtlingsschutz lässt, springt die EMRK ein und schützt auch diese Personen vor der Auslieferung. (vgl. Löhr 2010, S. 20f.)

Der UNHCR als zwischenstaatliche Schutzorganisation

Zwischenstaatliche Organisationen haben jedoch nicht nur gesetzliche Grundlagen geschaffen, sondern mit dem UNHCR auch eine Einrichtung, die einerseits auf staatlicher und gesellschaftlicher Ebene die Interessen von Flüchtlingen vertreten, sich für die Umsetzung der verschiedenen zwischenstaatlichen Vereinbarungen einsetzen und andererseits konkrete Hilfe leisten soll. Der UNHCR hat über 7.700 Mitarbeiter und ist in fast allen Krisenregionen der Welt vertreten. Er leistet direkte Nothilfe, zum Beispiel, indem er gemeinsam mit lokalen Partnern die Grundversorgung von Vertriebenen sicherstellt, arbeitet aber auch an langfristigen Lösungen für die Betroffenen, bemüht sich beispielsweise um *resettlement*- und *returnee*-Programme[8] für die Flüchtlinge oder versucht, mit den Flüchtlingen vor Ort neue Lebensperspektiven zu erarbeiten. (UNHCR 2010, Homepage des UNHCR[9])

3.2. Spezifischer Schutz für (unbegleitete) minderjährige Flüchtlinge

Ein grundlegendes Dokument zum Schutz von Kinderrechten, welches auch UMF schützt, ist das Übereinkommen der Vereinten Nationen über die Rechte des Kindes, auch bekannt als Kinderrechts-Konvention (UN-KRK). Verschiedene internationale Akteure haben jedoch auch die besondere Schutzbedürftigkeit von (unbegleiteten) Kindern auf der Flucht erkannt und Richtlinien entwickelt, die ihnen Schutz gewähren sollen. Von Bedeutung sind vor allem die 1997 vom UNHCR veröffentlichten „Richtlinien über allgemeine Grundsätze und Verfahren zur Behandlung asylsuchender unbegleiteter Minderjähriger", sowie die „Statements of Good Practice", die vom im gleichen Jahr gegründeten *Separated Children in Europe Programme* (SCEP) entwickelt wurden, einer gemeinsamen Initiative des UNHCR und einiger Mitglieder der *Save the Children Alliance* in Europa. (Rieger 2010)

Die UN-Kinderrechtskonvention

Die UN-KRK soll, wie bereits erwähnt, die Rechte sicherstellen, die allen Kindern zustehen, also jedem Menschen, „der das achtzehnte Lebensjahr noch nicht vollendet hat, soweit die Volljährigkeit nach dem auf das Kind anzuwendenden Recht nicht früher eintritt" (UN-KRK, Art.1). Diese Rechte beinhalten vor allem folgende vier Prinzipien (vgl. Rieger 2010, S. 24):
• Die *Nichtdiskriminierung*: Nach Art.2 sind die Vertragsstaaten verpflichtet, die Rechte jedes Kindes ohne Diskriminierung zu achten und müssen dafür Sorge tragen, dass das Kind auch vor Diskriminierung oder Bestrafung „wegen des Status, der Tätigkeiten der Meinungsäußerungen oder der Weltanschauungen seiner Eltern, seines Vormundes oder seiner Familienangehörigen" (Art.2, Abs.2) seitens Dritter geschützt wird.
• Das *Kindeswohl*: „Bei allen Maßnahmen, die Kinder betreffen, [...] ist das Wohl des Kindes ein Gesichtspunkt, der vorrangig zu berücksichtigen ist." (Art. 3, Abs.1) Die Vertragsstaaten verpflichten sich, „den Schutz und die Fürsorge zu gewährleisten, die zu [des Kindes] Wohlergehen notwendig sind" (Art.3, Abs.2).
• Das *Recht auf Leben und Entwicklung* wird in Art.6 sichergestellt: „Die Vertragsstaaten gewährleisten in größtmöglichem Umfang das Überleben und die Entwicklung des Kindes."

---

[8] Unterstützung bei der dauerhaften Neuansiedlung in einem Aufnahmeland bzw. bei der Wiedereingliederung im Herkunftsland.
[9] http://www.unhcr.de

- Das *Recht auf freie Meinungsäußerung und Beteiligung*: Art. 12 sichert Kindern das Recht zu, sich eine eigene Meinung zu bilden und diese Meinung „in allen das Kind berührenden Angelegenheiten frei zu äußern" (Art. 12, Abs.1). Er verpflichtet die unterzeichnenden Staaten außerdem, die Meinung des Kindes „angemessen und entsprechend seinem Alter und seiner Reife" (ebd.) zu berücksichtigen.

Für UMF ist weiterhin Art. 22 von Bedeutung, da dieser die Vertragsstaaten verpflichtet, Flüchtlingskindern und asylsuchenden Kindern „angemessenen Schutz und humanitäre Hilfe" (Art.22, Abs.1) zu leisten, die Bemühungen internationaler Organisationen zum Schutz dieser Kinder zu unterstützen und UMF dieselbe Unterstützung zu gewähren, die auch jedem anderen Kind zusteht, wenn es von seinen Eltern getrennt ist.

Statement of Good Practice

Das Ziel des Statement of Good Practice ist „die klare Aufstellung von Prinzipien und Standards für Verfahrensweisen, die notwendig sind, um die Förderung und den Schutz der Rechte von getrennten Kindern in Europa sicherzustellen." (B-UMF/ SCEP 2006, S. 13) Es benennt zunächst die Prinzipien, die im Umgang mit UMF beachtet werden sollten und anschließend die Handlungsschritte, die von der Ankunft eines UMF bis hin zu einer gesicherten langfristigen Perspektive stattfinden müssen. Es vereint dabei die verschiedenen Richtlinien, Konventionen etc., die international existieren und den Schutz von UMF betreffen, sortiert sie und bereitet sie so auf, dass Pädagogen oder andere Menschen, die sich für das Wohl von UMF einsetzen, ein leicht verständliches Handbuch haben, das ihnen zum einen eine Richtlinie für ihr Handeln bietet und zum anderen die gesetzlichen Grundlagen für ihr Handeln übersichtlich präsentiert und ihnen so die juristische Untermauerung und Begründung ihres Handelns erleichtert.

4.   Asyl in Deutschland und Europa

4.1. „Festung Europa"

Jährlich sterben allein an der spanischen und portugiesischen Grenze zwischen 6.000 und 7.000 Menschen bei dem Versuch, europäisches Gebiet zu erreichen (vgl. Diederich 2009, S. 16). Mit zu kleinen, überfüllten und schlecht ausgerüsteten Booten überqueren sie das Mittelmeer, immer wieder liest man in Zeitungsberichten davon, dass sie dabei in Stürme geraten, manövrierunfähig werden oder von der Route abkommen und hilflos im Meer treiben.[10] Wer die Reise überlebt, berichtet nicht selten, Fischerbooten oder gar Marineschiffen begegnet zu sein, die keine Hilfe geleistet haben. Wie kann es zu solchen Szenarien kommen? Was treibt die Menschen auf der einen Seite zu einer so gefährlichen Überfahrt und was bewegt die Menschen auf der anderen Seite, Boote in Seenot einfach zu „übersehen"?

Der Kontinent, auf dem Milch und Honig fließen...

Wer als Flüchtling nach Europa kommt, verfügt entweder über ausreichende Mittel und Kontakte, um sich die relativ bequeme und sichere Flugreise leisten zu können, oder er ist auf den Land- bzw. Seeweg angewiesen. Vor allem für Menschen ohne gültige Papiere und ohne Visum ist die Einreise per Flugzeug nahezu unmöglich, sie sind darauf angewiesen, mit Hilfe von Schleppern die Grenzen zu überqueren und gehen dabei hohe Risiken ein. (Milborn 2009) Die Gründe, warum Menschen solche Risiken in Kauf nehmen, liegen einerseits in ihrer Heimat (z.B. Armut, Krieg, Chancenlosigkeit und andere push-Faktoren) andererseits aber auch in Europa selbst bzw. dem Bild von Europa, das in vielen Regionen der Welt vorherrscht (die Hoffnung auf Wohlstand, Sicherheit und andere pull-Faktoren).[11] Zum einen ist bekannt, dass Europa seit langer Zeit politisch sehr stabil ist und somit seinen Bewohnern Sicherheit vor kriegerischen Auseinandersetzungen bietet, zum anderen herrscht dort ein wirtschaftlicher Wohlstand, der viele Menschen dazu verleitet, sich dort ein sorgenfreies Leben zu erträumen. Eine Episode, die ich während eines Aufenthaltes in Ruanda im Jahr 2006 erlebte, soll deutlich machen, wie stark der Glaube an das gute Leben in Europa ist.

>   Eine Krankenstation auf dem Land, in der knapp 10 Personen arbeiten. Eine von
>   ihnen ist Vestine. Sie wirkt sehr bodenständig und ist neben der Nonne, die die Stati-
>   on leitet, die älteste und erfahrenste Krankenschwester mit der besten Ausbildung. Sie
>   lebt mit ihren beiden drei- und siebenjährigen Söhnen, aber ohne Ehemann mietfrei
>   auf dem Gelände der Station. Ich selbst bin 19, arbeite dort als Freiwillige und bringe
>   als einzige Qualifikation ein Abitur mit. Eines Abends, als wir vor der Anmeldung

---

[10] Exemplarisch seien hier genannt *Spiegel Online* (11.07.2012): „Dutzende Flüchtlinge verdursten im Mittelmeer" und *Süddeutsche Zeitung* (06.08.2011): „Harte Fragen an die Nato"
[11] Zum Modell der *push-* und *pull-Faktoren* s. Nuscheler 1995: 32-43.

sitzen, spricht Vestine mich an, ich könne doch sie und ihre Söhne, wenn ich wieder nach Hause fahre, mitnehmen. Sie würde dann als meine Hausangestellte arbeiten, „vielleicht für 400 Euro", und müsse keine Sorgen mehr haben. (Zusammenfassung eines Tagesbucheintrags vom 19.08.2006)

Ähnliche Vorstellungen von Europa sind mir nicht nur in Ruanda, sondern auch während eines Forschungsaufenthaltes im Jahr 2011 in Marokko immer wieder begegnet. In Europa gebe es keine Armut, „dort hat ja sogar jeder einen Fernseher", man sei bereit, hart zu arbeiten, um dann aber auch „viel Geld zu verdienen". Als ich einmal versuchte, dieses Bild zu entkräften und Gegenargumente vorzubringen (was nicht einfach ist, wenn der Gesprächspartner sich nur eine Mahlzeit am Tag leisten kann), antwortete ein junger Ivore in verschwörerischem Tonfall, so als habe er mein Theater durchschaut: „Mais l'Europe, c'est le paradis!"[12] Mehdi Lahdou fasst die Situation treffend zusammen:

> „[…] l'Europe et l'Amérique du Nord représentent ‚ce qu'il y a de mieux' en termes de conditions de vie, de liberté, de garantie des droits, de loisirs. Elles sont tout ce que leurs pays ne sont pas, tout ce à quoi ils aspirent." (Lahdou, 2002, S. 1)[13]

Im Falle Minderjähriger und junger Erwachsener bedeutet dies oft die Hoffnung auf eine gute Ausbildung, den Wunsch, Arzt oder Ingenieur zu werden, um eines Tages viel Geld zu verdienen. Solche häufig sehr verzerrten Vorstellungen von Europa auf der einen Seite und die oft ausweglose oder gar lebensbedrohliche Situation in ihrer Heimat auf der anderen Seite bringen Flüchtlinge und Migranten dazu, riskante Überfahrten und Grenzüberquerungen in Kauf zu nehmen. Die Tatsache, dass Europa wenig Interesse an ihrer Zuwanderung hat und sich unter Einsatz vieler Grenzschützer und modernster Technik gegen ihre Zuwanderung schützt, verblasst neben den großen Hoffnungen, die mit dem Ziel Europa verbunden sind.

... weiß sich zu schützen: Die wichtigsten asylpolitischen Verträge

Seit Bestehen der EU sind die Mitgliedsländer um eine gemeinsame Migrationspolitik bemüht, die den eigenen Bürgern zwar grenzüberschreitende Mobilität garantieren, gleichzeitig aber vor unerwünschten Zuwanderern schützen soll. Dieses Ziel wurde bis heute weiterverfolgt und so entstanden diverse Dokumente, die eine solche Zuwanderungspolitik regeln sollen. Die wichtigsten Dokumente, die die Situation von Flüchtlingen und Asylbewerbern in der EU bis heute beeinflussen, sollen hier knapp vorgestellt werden, da es meines Erachtens unerlässlich ist, sie zu kennen, wenn man auf professioneller Ebene in Kontakt mit Flüchtlingen steht.

1985 schaffen Deutschland, Frankreich und die Benelux-Staaten mit dem *Schengener Abkommen* einen Vertrag, der erstmals konkrete Eckpunkte einer gemeinsamen Migrationspolitik enthält, nämlich unter anderem Vereinbarungen über einheit-

---

[12] „Aber Europa, das ist das Paradies!"
[13] „[…] Europa und Nordamerika repräsentieren ‚das was es Besseres gibt' was die Lebensbedingungen, die Freiheit, die Rechtssicherheit, das Vergnügen angeht. Sie sind all das, was ihre [eigenen] Länder nicht sind, alles, wonach sie streben."

liche Asylbestimmungen und Visaverfahren. Das Abkommen, dessen Grundgedanke bis heute Gültigkeit hat, wird 1990 durch das *Schengener Durchführungsabkommen* („Schengen II") ergänzt. Grundgedanke der beiden Abkommen ist es, die Grenzkontrollen zwischen den unterzeichnenden Staaten abzuschaffen, um so freien Waren-, Dienstleistungs-, Kapital- und Personenverkehr zu ermöglichen. Damit soll eine bessere Absicherung der Außengrenzen einhergehen, um sich vor grenzüberschreitender Kriminalität und unerwünschter Einwanderung zu schützen. „Die Schengener Abkommen", so Parusel (2009, S. 81), „sind hinsichtlich der Migrationsbewegungen aus Drittstaaten […] vor allem als Instrumente der Grenzsicherung und der Abwehr zu betrachten."

Nach Schengen folgen in den nächsten zehn Jahren verschiedene Abkommen, die die eingeschlagene migrations- und asylpolitische Richtung beibehalten. 1997 tritt das *Dubliner Asylübereinkommen* („Dublin I") in Kraft, welches festlegt, dass in der Regel nur noch das Ersteinreise-Land für die Vergabe des Flüchtlingsstatus zuständig ist und somit die Sekundärmigration von Flüchtlingen innerhalb der EG-Staaten unterbinden will. (Parusel 2009; Fellmer 2010)

1992 wird die wird die bisher informelle migrationspolitische Zusammenarbeit mit dem *Maastrichter Vertrag* über die Europäische Union erstmals institutionalisiert und im gleichen Jahr fassen die für Einwanderungsfragen zuständigen Minister der EU-Mitgliedsstaaten die sogenannten *Londoner Beschlüsse*, mit denen sie der Gefahr unkontrollierter Einwanderung begegnen wollen (vgl. Parusel 84f.). Diese Beschlüsse sind zwar nicht rechtlich bindend, zeigen aber die restriktive Haltung der europäischen Regierungen gegenüber Flüchtlingen und machen deutlich, dass nicht soziale, sondern sicherheitspolitische Bedenken im Vordergrund der Überlegungen stehen. Auch legen sie „die künftige Richtung der gemeinsamen Asylpolitik fest und zeugen vom gemeinsamen Ziel der damaligen Regierungen in Europa, den Zugang zu Asylverfahren in der Union so weit wie möglich zu begrenzen" (Parusel 2009, S. 86). So wird beispielsweise die beschleunigte Prüfung von „offensichtlich unbegründeten Asylanträgen" beschlossen und es wird die Möglichkeit geschaffen, *sichere Drittstaaten* zu benennen, also Länder, in denen nach Ansicht der EU-Regierungen keine politische Verfolgung herrscht und in denen, da sie die GFK unterzeichnet haben, Flüchtlingen ausreichender Schutz gewährt wird. Wer über ein solches Land in die EU einreist, soll dorthin zurückgeschoben werden können und ist in der EU nicht asylberechtigt. Auch *Rückübernahmeabkommen* mit Herkunftsländern von Flüchtlingen und sicheren Drittstaaten wurden bei dem Treffen in London beschlossen, die die betreffenden Länder verpflichten, Personen, die über sie in die EU eingereist sind, „zurückzunehmen". (vgl. Parusel 2009, S. 85)

Im Jahr 2003 löst die – nunmehr für die EU-Mitgliedstaaten rechtsverbindliche – *Dublin II- Verordnung* das erste Dubliner Übereinkommen ab. Insbesondere diese Verordnung enthält viele Aspekte, die für die Situation der von mir befragten UMF von konkreter Bedeutung sind:
• Das *One-State-Only*-Prinzip: Ein Asylantrag soll in nur einem Mitgliedsland gestellt werden können. In der Regel ist dies das Ersteinreise-Land, da dieses „am stärksten an der Einreise des Asylbewerbers ins Hoheitsgebiet der Mitgliedstaaten

[...] beteiligt war" (KOM 2001 zit. nach Parusel 2009, S. 114) Hält sich ein Asylbewerber nachweislich seit mindestens sechs Monaten illegal in einem Staat auf, geht die Zuständigkeit an diesen Staat über. Wer bereits in einem anderen EU-Land Asyl beansprucht, wird dorthin zurücküberstellt. Mit diesen Regelungen soll ein „Asylhopping" vermieden werden, also dass der Antragsteller mehrere Anträge stellt, um anschließend in dem Land mit den für ihn günstigsten Bedingungen leben zu können. Es gibt jedoch einige Ausnahmen.

• Lebt bereits ein Familienmitglied des Antragstellers in der EU, hat die *Einheit der Familie* Vorrang und ist der Staat zuständig für das Asylverfahren, in dem diese Person lebt. Besonders bei UMF ist das wichtigste Kriterium, dass sie, „unabhängig davon, in welchem Mitgliedstaat sie um Asyl nachsuchen, in denjenigen Mitgliedsstaat überstellt werden, in dem bereits ein Familienangehöriger lebt, *sofern dies im Interesse des Minderjährigen liegt.*" (Parusel 2009, S. 114, Hervorhebung K.D.)

• Die *Souveränitätsklausel* ermöglicht es einem Staat, freiwillig die Antragsprüfung zu übernehmen, auch wenn er sie rechtlich gesehen an einen anderen Staat abgeben könnte.

• Die *humanitäre Klausel* besagt, dass ein Staat sich gegen die Überstellung eines Asylbewerbers in ein anderes Land entscheiden kann, wenn sich aus dem kulturellen oder familiären Kontext des Antragstellers humanitäre Gründe ergeben, die dagegen sprechen.

• Gelten all diese Kriterien nicht, fällt die Aufgabe des Asylverfahrens an den Staat, in dem der Antrag als erstes gestellt wurde. (Parusel 2009, S. 112ff.)

Die beiden letztgenannten Klauseln lassen den Staaten einen Ermessensspielraum und tragen einigen grundlegenden Rechten der Flüchtlinge Rechnung. Dies kann aber, so Parusel (2009, S. 115), „nicht darüber hinwegtäuschen, dass sich die Interessen [...] hinsichtlich der Dublin II- Verordnung hauptsächlich am Ziel der Abschottung der EU gegenüber Flüchtlingen und Asylsuchenden orientieren."

Vergleicht man nun die ambitionierten Dokumente, die ich im vorigen Kapitel vorgestellt habe und die Flüchtlinge und Menschenrechte schützen sollen, mit der Entwicklung der europäischen Asylpolitik insbesondere der letzten zwanzig Jahre, komme ich nicht umhin, Judith Kumin zuzustimmen, wenn sie schreibt: „However, there has been a very marked shift of focus from protecting refugees to halting irregular migration." (Kumin 2007, S. 25)

Integrierter Grenzschutz – Schutz vor irregulärer Zuwanderung

Die meisten Flüchtlinge fallen nicht in die Gruppe der in Europa erwünschten, hochqualifizierten Zuwanderer und haben es daher schwer, den Kontinent auf legalem Wege zu erreichen. Viele von ihnen reisen daher, wie in Kapitel 2.2 beschrieben, ohne gültige Papiere über die Land- und Seegrenzen nach Europa ein.

Hauptrouten, die auch in den Erzählungen der von mir befragten UMF eine Rolle spielen, sind von Osten die sogenannte Balkan-Route, die über die Türkei und den westlichen Balkan in die EU verläuft und vor allem von Flüchtlingen aus dem Nahen und Mittleren Osten genutzt wird sowie die Osteuropäische Route, die über die

Ukraine und ihre Nachbarländer nach Polen, Ungarn Rumänien oder in die Slowakei
führt. Von Süden versuchen hauptsächlich Flüchtlinge vom afrikanischen Kontinent,
vermehrt aber auch Menschen aus dem Nahen und Mittleren Osten über das Mittelmeer und den Atlantik spanisches, portugiesisches, italienisches oder französisches
Gebiet zu erreichen. (Krause 2009, S. 280f., 286)

Eine Reihe verschiedener Datenbanken wie das Schengener Informationssystem
(SIS), das Visa-Informationssystem (VIS) sowie das EURODAC sollen helfen, diese
irreguläre Migration zu unterbinden, indem sie die Erfassung und den Austausch
von Fahndungs- und biometrischer Daten sowie Fingerabdrücken von Zuwanderern
erleichtern, das EUROSUR soll zudem „unrechtmäßige Grenzübertritte an den Süd-
und Ostgrenzen verhindern […] und irreguläre Einwanderer sowie ‚overstayers'
aufspüren und verfolgen." (Bendel 2009, S. 126) Direkt an den Grenzen sehen
Flüchtlinge sich mit den Truppen der Grenzschutzagentur Frontex konfrontiert, die
die Aufgabe hat, in z.T. paramilitärischen Operationen Flüchtlinge und irreguläre
Migranten noch vor Erreichen der europäischen Grenzen abzufangen und zur Um-
kehr zu bewegen. An diesen Operationen sind Grenzschutztruppen verschiedener
Mitgliedstaaten beteiligt und es kommen Schiffe, Hubschrauber, Flugzeuge sowie
mobile Radarstationen zum Einsatz (Krause 2009, Marischka 2009). Seit 2007 ist es
den Frontex-Truppen erlaubt, „Menschen anzuhalten, zu kontrollieren, sie unter
Umständen zu verhören und Zwang auszuüben, Waffen zu tragen und diese unter
bestimmten Umständen einzusetzen" (Marischka 2009, S. 34). Indem die Flüchtlinge mit all diesen Mitteln schon vor Erreichen der europäischen Grenzen zurückge-
drängt werden, wird ihnen die Möglichkeit verwehrt, in der EU einen Asylantrag zu
stellen. Auch wird, wie eingangs beschrieben, wiederholt berichtet, dass Menschen
in Notsituationen, z.B. in seeuntüchtigen Booten, Hilfe verwehrt wurde. Eine solche
Abschottungspolitik trifft auch die Minderjährigen. So kritisiert der B-UMF (2011,
S. 3): „Wir wissen nach wie vor nicht, wie viele Minderjährige an den Grenzen
abgewiesen werden, ohne dass dies registriert oder öffentlich gemacht würde. Wir
gehen davon aus, dass dies täglich passiert."

4.2. Asyl in Deutschland

Entwicklungen seit den 1970er Jahren

Die Stimmung in Deutschland gegenüber Ausländern verschlechtert sich bereits
Mitte der 70er Jahre, als aufgrund der Ölkrise und der sich verschlechternden Wirt-
schaftslage ein Anwerbestopp für Gastarbeiter verhängt wird. In den folgenden
Jahren kommt es jedoch aufgrund kriegerischer Konflikte in verschiedenen Teilen
der Welt zu einer Steigerung der Asylanträge, die 1992 ihren Höhepunkt findet. In
diesem Jahr werden in der BRD über 400.000 Asylanträge gestellt, hauptsächlich
von Menschen, die vor den Auseinandersetzungen auf dem Balkan fliehen. In den
Medien taucht zu dieser Zeit das Wort „Asylmissbrauch" auf, es wird vor dem „An-
sturm der Armen" gewarnt und vor einer Überfremdung Deutschlands. (Löhr 2010,
S. 67f.) Infolge dieser Ereignisse und mitbestimmt durch die rechtlichen Entwick-
lungen auf EU-Ebene wird das deutsche Asylsystem immer restriktiver, im Dezem-

ber 1992 beschließt der Bundestag den Asylkompromiss, der ermöglicht, die Prüfung eines Asylantrags zu verweigern, wenn der Antragsteller aus einem sicheren Drittland oder einem sicheren Herkunftsland stammt (vgl. Kap. 3) und hebelt so das Grundrecht auf Asyl gewissermaßen aus (Löhr 2010; Kühne 2010). Seit dieser Änderung sinkt die Zahl der Erstanträge stetig, bis sie im Jahr 2007 bei knapp 20.000 liegt. Seitdem steigt sie allerdings wieder an, im vergangenen Jahr wurden ca. 45.000 Erstanträge gestellt (vgl. BAMF 2012, S. 3). Setzt man diese Zahlen jedoch in einen größeren Kontext und bedenkt man, dass weltweit die Zahl der Flüchtlinge seit 2005 um 150% gestiegen ist, in Westeuropa jedoch um circa 30% gesunken (vgl. Düvell 2011, S. 45), dann liegt nahe, dass die folgende, aus dem Jahr 2001 stammende Aussage noch immer Gültigkeit hat:

> „Obwohl in manchen Jahren sogar mehr Ausländer/innen aus Deutschland aus- statt einreisen, steht das Migrationsproblem immer noch im Vordergrund der von Sicherheitspolitikern konstruierten ‚neuen Bedrohungen‘ und behält einen hohen Rang im Prioritätenkatalog der ‚erweiterten Sicherheit‘." (Bundesakademie für Sicherheitspolitik 2001, zit. nach Nuscheler 2009, S. 30f.)

Gemeinschaftsunterbringung, Residenzpflicht etc. – Die Lebenssituation von Asylbewerbern

Wer als Asylbewerber in Deutschland lebt, sieht sich von vielerlei Seiten – zumindest vom BAMF und den kommunalen Ausländerbehörden – mit Misstrauen konfrontiert, ob er wirklich schutzbedürftig und -berechtigt ist. Peter Kühne berichtet aus einer Studie zur Lebenslage von Flüchtlingen in Deutschland:

> „Den von uns befragten Flüchtlingen war noch nach Jahren die Fassungslosigkeit darüber anzumerken, dass entweder die lebensbedrohende Situation, der sie gerade entkommen waren, als nicht asylrelevant bewertet wurde oder ihnen – schlichtweg – ‚nicht geglaubt wurde‘. […] Das Asylverfahren schien ihnen so als Vabanquespiel: […] Eine ergebnisoffene, faire und zugleich gründliche Prüfung ihres Einzelfalls war für die Interviewten jedenfalls nicht erkennbar." (Kühne 2010, S. 84)

Und auch sonst werden Asylbewerber nicht eben mit offenen Armen empfangen. In der Regel werden sie verschiedenen Kommunen in dem Bundesland zugewiesen, in dem ihr Asylverfahren läuft und sind verpflichtet, dort in Gemeinschaftsunterkünften zu leben.[14] Diese Gemeinschaftsunterkünfte sind häufig alte Kasernen in schlechtem Zustand und an entlegenen Plätzen, die mit öffentlichen Verkehrsmitteln schwer oder gar nicht erreichbar sind. Die Lebensbedingungen innerhalb der Unterkünfte sind schlecht, bis zu acht Bewohner teilen sich ein Zimmer, Ehepartner werden getrennt untergebracht, für Kinder sind häufig keine Spielmöglichkeiten vorhanden (Selder et al. 2011). Diese Unterbringungsform ist nicht allein mit dem Sparwillen der Kommunen, sondern durchaus auch mit dem Ziel der Abschreckung

---

[14] Die Situation von UMF weicht von den hier beschriebenen Lebensbedingungen ab, da sie Anspruch auf Leistungen nach dem KJHG haben (s. auch Kap.5). Da sie jedoch für einige UMF mit Erreichen der Volljährigkeit relevant werden, stelle ich sie dennoch kurz dar.

weiterer Asylbewerber zu erklären. So erklärte der ehemalige baden-
württembergische Ministerpräsident: „Die Buschtrommeln werden in Afrika signali-
sieren – kommt nicht nach Baden-Württemberg, dort müsst ihr ins Lager." (Lothar
Spät 1983 zit. nach Löhr 2010, S. 69)

Während des ersten Jahres nach Antragstellung erhalten Asylbewerber keine Arbeitserlaubnis und erst nach vier Jahren haben sie einen gleichberechtigten Zugang
zum Arbeitsmarkt, so dass sie in diesem Zeitraum keine andere Möglichkeit haben,
als von staatlichen Geldern zu leben, wie sie nach dem AsylbLG festgeschrieben
sind.
Diese Sätze wurden seit ihrer Festlegung im Jahr 1993 bis zu einem Urteil des BGH
im Jahr 2012 nicht mehr erhöht, so dass sie phasenweise mehr als 30% unter dem
Betrag lagen, den das SGB II als Existenzminimum für Deutsche festlegt. In einem
Gerichtsurteil vom 17.06.2012 entschied der BGH jedoch, dass die bisherigen Sätze
verfassungswidrig seien und schrieb neue Sätze in der Höhe von 336 € pro Monat
für Haushaltsvorstände und 260 € für Angehörige, also z.B. Jugendliche, vor. Von
diesem Betrag müssen zudem mindestens 130 € in bar ausgezahlt werden. (vgl.
Süddeutsche vom 18.07.2012)[15]

Nicht nur finanziell, auch räumlich sind enorme Einschränkungen vorhanden:
Die *Residenzpflicht* schreibt vor, dass Asylbewerber einen bestimmten Verwaltungs-
bereich, in der Regel den Landkreis, in selteneren Fällen den Regierungsbezirk,
nicht ohne Ausnahmegenehmigung verlassen dürfen. (Löhr 2010)
Ein solcher Umgang mit Asylbewerbern lässt meines Erachtens wenig politischen
Integrationswillen erkennen, sondern die separierte Unterbringung, das Arbeitsver-
bot, die räumliche Einschränkung zeugen eher von Abschottungs- und Abschre-
ckungsabsichten. Den Betroffenen wird bewusst „das Transitorische, Uneigentliche,
Unerwünschte ihres Aufenthalts stets vor Augen geführt." (Kühne 2010, S. 82)

Die verschiedenen Aufenthaltstitel

Wer sich als Flüchtling oder Asylbewerber (oder auch, wie für dieses Buch relevant,
als UMF) regulär in Deutschland aufhält, verfügt in der Regel entweder über eine
Aufenthaltsgestattung, eine Aufenthaltserlaubnis oder eine Duldung. Wie sehr sich
diese Aufenthaltstitel auf den Alltag der Betroffenen auswirken, zeigte sich bereits
im letzten Abschnitt und wird in den folgenden Kapiteln noch sehr deutlich werden.
An dieser Stelle sollen die Aufenthaltstitel kurz vorgestellt und die wichtigsten zu-
grundeliegenden Paragraphen benannt werden.
Während des Asylverfahrens haben Ausländer in Deutschland ein auf § 16a des
Grundgesetz (GG) basierendes vorläufiges Bleiberecht, die sogenannte *Aufenthalts-*

---

[15] Vor dem Urteil belief der Satz sich   – ergänzend zu Unterbringung, Heizung und
medizinischer Versorgung bei akuter Erkrankung – auf eine monatliche Summe von 225 €
für einen erwachsenen Asylbewerber, zusammengesetzt aus einem Taschengeldbetrag von
41€ und Grundleistungen in der Höhe von 184 €. Kinder erhielten bisher nach Alter gestaffelt
zwischen 153 € und 220 €. (vgl. Diakonie 2012)

gestattung. Die Modalitäten der Aufenthaltsgestaltung sind in § 55 des AsylVfG festgeschrieben und erlauben einem Asylbewerber während der Durchführung des Asylverfahrens den Aufenthalt in Deutschland. Der Aufenthalt ist jedoch mit verschiedenen Auflagen versehen, beispielsweise mit der bereits erwähnten Residenzpflicht, die den Aufenthalt des Ausländers nach § 56 AsylVfG auf die räumliche Ausdehnung der zuständigen Ausländerbehörde begrenzt und vorschreibt, dass er in der von der Behörde bestimmten Unterkunft leben muss. Erst nach einem Jahr und mit Zustimmung der Bundesagentur für Arbeit hat ein Ausländer mit Aufenthaltsgestattung die Möglichkeit, erwerbstätig zu sein und erst nach vier Jahren hat er einen gleichberechtigten Zugang zum Arbeitsmarkt. Die Aufenthaltsgestattung ist kein rechtmäßiger Aufenthaltstitel nach § 4 des AufenthG und kann nur bei Gewährung des Asyls auf die Zeit des rechtmäßigen Aufenthalts in der BRD angerechnet werden (§ 55 AsylVfG). Löhr (2010, S. 75) benennt die Paradoxie dieses Zustandes, wenn er schreibt, der Aufenthalt der Betroffenen in der BRD sei „gleichsam erlaubt unerlaubt, die legale Illegalität."

Wird ein Asylverfahren positiv beschieden, erhält ein Flüchtling in der Regel eine *Aufenthaltserlaubnis* nach § 7 des AufenthG. Dies ist ein befristeter und zu einem bestimmten Aufenthaltszweck vergebener Aufenthaltstitel. Aufenthaltszweck können bei Flüchtlingen beispielsweise „völkerrechtliche, humanitäre oder politische Gründe" (§ 22-26 AufenthG) sein. Eine Aufenthaltserlaubnis wird für mindestens sechs Monate ausgestellt und wird nach drei Jahren in der Regel in eine unbefristete *Niederlassungserlaubnis* umgewandelt, sofern die Fluchtgründe, die zur Gewährung des Asyls geführt haben, weiterhin bestehen. Räumliche Beschränkungen wie bei der Aufenthaltsgestattung fallen weg, eine Arbeitserlaubnis wird jedoch nicht zwangsweise mit der Aufenthaltserlaubnis erteilt.

Wird ein Asylantrag abgelehnt oder ist ein Ausländer aus einem anderen Grund ausreisepflichtig, hält sich der Betroffene häufig zunächst mit einer *Duldung* in Deutschland auf, die nichts anderes ist als eine vorübergehende Aussetzung der Abschiebung. Eine solche Aussetzung der Abschiebung basiert auf § 60a des AufenthG und kann beispielsweise aus völkerrechtlichen oder humanitären Gründen beschlossen werden, es kann aber auch ganz praktische Hindernisse geben, beispielsweise wenn das Herkunftsland die Aufnahme des Betroffenen verweigert oder wenn er durch eine Krankheit so beeinträchtigt ist, dass ihm eine Rückführung nicht zugemutet werden kann. Für Geduldete gelten die gleichen gesetzlichen Einschränkungen wie für Asylbewerber, sie erhalten die gleichen finanziellen Leistungen und unterliegen ebenso der Residenzpflicht (Löhr 2010, S. 74f.). Ist die Abschiebung länger als 18 Monate ausgesetzt oder ist der Ausländer ohne eigenes Verschulden über einen solchen Zeitraum an der Ausreise gehindert, soll ihm zwar laut Gesetz eine Aufenthaltserlaubnis (basierend auf § 25, Abs. 5 AufenthG) ausgestellt werden, verpflichtet ist der Gesetzgeber dazu jedoch nicht. Es kommt, vor, dass Menschen über mehrere Jahre hinweg im Status der Duldung leben, also der sogenannten *Kettenduldung,* die eine enorme psychische Belastung darstellt, da Betroffene jederzeit mit einer Aufhebung des Abschiebehindernisses und somit mit der Abschiebung rechnen müssen. (Löhr 2010, S. 75f.)

5. Rahmenbedingungen für UMF in Deutschland

Wer als UMF in Deutschland ankommt, wird, wie alle Minderjährigen, die aus irgendeinem Grund von ihren Eltern bzw. Sorgeberechtigten getrennt sind, vom Jugendamt in Obhut genommen. Nach Informationen des B-UMF fanden im Jahr 2010 über 4.200 Inobhutnahmen von UMF durch die deutschen Jugendämter statt. (Espenhorst 2011)

In diesem Kapitel werde ich die Rahmenbedingungen darstellen, die sich den Jugendlichen in unterschiedlichen Lebensbereichen in Deutschland bieten. Ich werde auf die emotionalen Herausforderungen eingehen, die das „Ankommen" nach der Flucht mit sich bringt, sowie auf die rechtlichen und strukturellen Bedingungen, die sie vorfinden.

5.1. Das Leben mit der Vorbelastung: Fluchttrauma und Identitätsfindung als doppelte Herausforderung

Wer flieht, ist in der Regel einer gravierenden Bedrohung ausgesetzt, er lässt Vertrautes zurück, trennt sich gegebenenfalls von seiner Familie und reist häufig ins Ungewisse, ohne vorhersehen zu können, wann, wo und unter welchen Umständen die Flucht ein Ende finden wird. Für Jugendliche, insbesondere wenn sie ohne Angehörige reisen, ist diese Belastung noch größer. Sie sind abhängiger von der Fürsorge ihrer Familie, hilfloser und überblicken die das Geschehen und die Hintergründe der Flucht schlechter als Erwachsene, oft fühlen sie sich auch von der Familie im Stich gelassen. (Dietz/ Holzapfel 1999, S. 189)

Hinzu kommt, dass sie nicht als „fertige" Personen mit allen Herausforderungen der Flucht und des Zurechtfindens in einer anderen Gesellschaft konfrontiert sind, sondern als Kinder oder als Adoleszente, denen der Prozess des Erwachsenwerdens und der Festigung einer eigenen Identität noch bevorsteht bzw. bei denen dieser Prozess noch im Gange ist. King/ Koller (2009, S. 12) sprechen daher von einem doppelten Transformationsprozess, den migrierende Jugendliche leisten müssen: Dem der Transformation vom Kind zum Erwachsenen und dem der Loslösung von der Herkunftsgesellschaft und der Neuanpassung in der Aufnahmegesellschaft. Im Falle unbegleiteter Minderjähriger kommt als eine dritte große Herausforderung die Trennung von der Familie hinzu, die einen normalen Abnabelungsprozess unmöglich macht. (Rohr/ Schnabel 2000, S. 32; Klingelhöfer/ Rieker 2003)

Viele UMF leiden zudem aufgrund der Erlebnisse, die zur Flucht geführt haben oder aufgrund von Erlebnissen während der Flucht unter Traumata und anderen psychischen (wie auch physischen) Erkrankungen.

Adoleszenz und Identitätsbildung im Kontext von Flucht

King/ Koller (2003, S. 10) beschreiben die Jugend bzw. die Adoleszenz in westlichen Gesellschaften als „Phase der Modifizierung des Verhältnisses zu den Eltern, der psychischen Aneignung des geschlechtsreifen Körpers und der sexuellen Orien-

tierung, der Ausgestaltung der Geschlechtsidentität und der Entwicklung von Le-
bensentwürfen". Es handelt sich um eine Phase, in der die Bindung zu den Eltern
zwar weiterhin von Bedeutung ist, aber zugunsten von außerfamiliären Kontakten in
den Hintergrund rückt, in der Selbstständigkeit und die Erkundung eigener Wege
Vorrang gewinnen und Jugendliche „Gestaltende oder Schöpfer ihrer eigenen Biographie" (ebd.) werden.

Die Autoren betonen jedoch, dass diese Beschreibung keine universelle Gültig-
keit hat, sondern primär für modernisierte Gesellschaften gilt. Demgegenüber stehen
Konzepte des Heranwachsens in traditionelleren Gesellschaften, in denen, so Rohr/
Schnabel (2000, S. 23), von einer expliziten Jugendphase oder einer adoleszenten
Protestphase nicht die Rede sein könne. Diese Aussage erklärt sich unter anderem
dadurch, dass in vielen traditionellen Gesellschaften eine Wertvorstellung herrscht,
die nicht das Individuum, sondern die Gruppe bzw. die Familie ins Zentrum des
Interesses stellt. So schreibt der Psychotherapeut Nossrat Peseschkian, der seine
Kindheit im Iran verbrachte und später in Deutschland lebte:

> „Im Abendland gilt das Ich als Bezugspunkt der eigenen Identität. Man nimmt an,
> wenn das Ich ‚in Ordnung' ist, müßte es mit der Familie, dem Beruf usw. schon klap-
> pen. Das orientalische Konzept setzt einen anderen Schwerpunkt: Wenn es der Fami-
> lie gut geht, geht es auch mir gut. Die Familie gehört unmittelbar zu Identität und
> Selbstwert." (Peseschkian 1980, zit. nach Zenk 2000[a])

Von einem solchen Konzept ausgehend liegt es nahe, dass die Lebensphase der
Jugend bzw. Adoleszenz als Phase der Ausbildung einer eigenen Identität eine andere Bedeutung hat. Während junge Männer im Zuge der Erlangung der Selbstständigkeit gegebenenfalls noch eine gewisse Freiheit und Phase der Selbstfindung durchleben (was nicht heißen muss, dass die Verantwortung der Familie gegenüber aufge-
hoben wäre), zielt die Erziehung der Mädchen noch stärker darauf ab, die eigene
Person den familiären Belangen unterzuordnen (Rohr/ Schnabel 2000, S. 23). Ihre
Aufgabe im Jugendalter ist die Vorbereitung auf die Ehe sowie die Loslösung vom
elterlichen und die Übernahme eines eigenen Haushalts.

Diese unterschiedlichen Vorstellungen davon, welche Anforderungen in der Ju-
gend zu bewältigen sind, machen deutlich, dass Adoleszente nicht ausschließlich
Schöpfer einer eigenen Identität sind, sondern quasi „geschaffene Schöpfer" (King/
Koller 2003, S. 10), dass sie also gleichzeitig geprägt sind von den sozialisatorischen
Einflüssen ihrer Umgebung. Wenn ein Mensch migriert, sieht er sich also in der
neuen Gesellschaft mit neuen und gegebenenfalls fremden Werten konfrontiert,
während alte Werte plötzlich keine Gültigkeit mehr haben. Gerade für Kinder und
Jugendliche ist dies eine Herausforderung, denn „[sie] begreifen sich in aller Regel
als Teil einer Familie und Gruppe, deren kulturelle und religiöse Wertvorstellungen
sowie kulturellen Praktiken ihr einziges bisher erfahrenes Orientierungssystem darstellt [sic!]" (Martini 2000, S. 116). Dieses System ist nun auf den Kopf gestellt, sie
müssen sich an völlig anderen Maßgaben messen (lassen) und stehen vor der doppelten Herausforderung, in der Fremde erwachsen zu werden (King/ Koller 2003, S.
12). Doch nicht nur sie nehmen die Gesellschaft als fremd war, auch umgekehrt
findet eine Fremdheitserfahrung statt, die sich in den Reaktionen auf die Jugendli-

chen äußert und Einfluss auf deren Identitätsbildung nimmt. Sich selbst in einer Gesellschaft wiederzufinden und von dieser anerkannt zu werden vermittelt Gewissheit und Bestätigung durch die erlebte Übereinstimmung mit anderen (vgl. Zenk 2000[a], S. 363). Fällt diese Erfahrung weg, entsteht eine Unsicherheit, die sich häufig in der Persönlichkeit der Jugendlichen wiederspiegelt und zu einem Gefühl der Einsamkeit beiträgt, das durch Freundschaften kaum mehr kompensiert werden kann (Zenk 2000[a], S. 363; Klingelhöfer/ Rieker 2003, S. 16). Verstärkt wird dieses Gefühl auch dadurch, dass durch das Zurücklassen der Eltern und der Familie der Prozess der Loslösung nicht in normaler Weise stattfinden kann: Es gibt für viele UMF keine Möglichkeit der Auseinandersetzung mit den Eltern, sondern die erzwungene Trennung provoziert ein stärkeres inneres Festhalten und das Gefühl, ihnen Loyalität schuldig zu sein. (Rohr/ Schnabel 2000, S. 32).

Die beschriebenen Schwierigkeiten, auf die junge Flüchtlinge stoßen, bleiben nicht folgenlos, sondern nehmen Einfluss auf ihre Identitätsbildung: Der „radikale und unwiederbringliche Verlust lebensentscheidender Referenzpunkte" (Rohr/ Schnabel 2000, S. 24), also sowohl der Familie als auch der Kultur, führen häufig zu einer Stagnation der emotionalen Entwicklung, wenn nicht sogar zu einer Regression (ebd.). Viel hängt nun daran, wie die Aufnahmegesellschaft mit den jungen Menschen umgeht und welche Möglichkeiten sich ihnen bieten, all diese Herausforderungen zu verarbeiten und nicht nur als Makel, sondern auch als Ressource zu betrachten. Die Autorinnen gehen jedoch davon aus, dass in vielen Fällen eine problematische Entwicklung stattfindet und dass viele der Jugendlichen Identitäten herausbilden,

> „die keine gesicherten Koordinaten mehr aufweisen, die sich zwar flexibel zeigen, zu großen Anpassungsleistungen fähig und in Teilbereichen durchaus funktionstüchtig sind, jedoch innerlich fragmentiert und viel an Widersprüchen und ungelösten Fragen zu ertragen gezwungen sind." (ebd.)

Hinzu kommt, dass viele junge Flüchtlinge in Europa mit Doppelidentitäten leben. Um Schutz zu erhalten sind einige von ihnen darauf angewiesen, eine asylrelevante Geschichte zu erfinden, manche geben ein falsches Geburtsdatum an, um als UMF eine Chance auf Aufenthalt und Unterstützung zu bekommen. Diese Jugendlichen leben unter einem anderen Namen, mit einer anderen Geschichte als der eigenen und müssen ihre eigene Identität um jeden Preis geheim halten. Diese Situation bedeutet eine enorme Belastung: Es gilt, die eigentliche, „echte" Identität zu bewahren und weiterzuentwickeln, gleichzeitig aber wird nach außen hin eine zweite Identität zur Schau getragen, der keine Fehler unterlaufen dürfen und deren Enttarnung den Aufenthalt im Aufnahmeland gefährden würde. Auf der Basis von Gesprächen mit Sozialarbeitern und Rechtsanwälten vermutet die Psychologin und Psychotherapeutin Zenk (2000[b], S. 398) jedoch, dass das Aufrechterhalten einer solchen Doppelidentität das Risiko steigert, psychopathologische Störungen zu entwickeln. Es verhindert auch, dass Jugendliche die therapeutische Hilfe bekommen, die sie benötigen, da sie auch Therapeuten gegenüber nicht von ihrer fiktiven Geschichte abweichen können.

Flucht und Trauma

Der letzte Abschnitt hat deutlich gemacht, dass eine Flucht immer auch einen Bruch in der Lebensgeschichte bedeutet. Das Zurücklassen der Heimat und der Familie, die Verarbeitung von erlebter Gewalt und Repression, das Zurechtfinden in einer neuen Umgebung, gegebenenfalls das Annehmen einer anderen Identität, all das bedeutet für einen Flüchtling Dauerstress:

> „Das ‚Umtopfen' oder die ‚Verpflanzung' von der eigenen Gesellschaft in eine frem-
> de bedeutet einen dauerhaften psychischen Stress. Routine in der zwischenmenschli-
> chen Kommunikation, dem Einkaufen, Wohnen, Essen, der Hygiene fallen weg. Der
> Zwang, sich jeden Lebensbereich neu zu erobern, d.h. ausreichend Informationen zu
> sammeln, sie in Handlungen umzusetzen, und sie so lange zu üben, bis sie Routine
> sind, geht damit einher. Und dies erzeugt ein Gefühl ständiger Überforderung. Dazu
> kommt durch den Heimatverlust auch ein Stück Persönlichkeits- oder Identitätsver-
> lust. Im Grunde lebt der Fremde wie ein Kind, er/sie lernt nur durch Sanktionen in der
> sozialen Umwelt – das ist schmerzhaft und braucht viel Zeit." (Lueger-Schuster 1996,
> S. 19)

Die Psychoanalytiker Grinberg & Grinberg sehen jede Migration daher zunächst als kumulative Traumatisierung, also eine Traumatisierung, die sich im Zuge der Flucht und der Ankunft in der Aufnahmegesellschaft nach und nach aufbaut, bis sie irgendwann Symptome hervorruft. Bei Flüchtlingen kann diese Situation durch die Unfreiwilligkeit der Migration und bereits vor Fluchtantritt erlebte Traumata verschärft werden. (Lueger-Schuster 1996, S. 15)

Aber was genau ist ein Trauma? Es ist Sigmund Freud, der diesen Begriff in den 1920er Jahren in die Psychologie überträgt. Nach seiner Definition ist ein Trauma ein Ereignis im Leben eines Menschen, das so intensiv erlebt wird, dass er unfähig ist, es adäquat zu verarbeiten, so dass seine psychische Organisation dauerhaft durcheinandergebracht wird (Stolle 2001, S. 18). Masud Khan entwickelt diesen Gedanken weiter und führt die Idee des *kumulativen Traumas* ein, das aus einer Reihe von Erfahrungen entsteht, die jede für sich nicht traumatisierend sein müssen, die sich aber gegenseitig verstärken und so seelische Verletzungen hervorrufen, „wenn das Kind in seiner frühen Hilflosigkeit und Abhängigkeit nicht hinreichend die Erfahrung hat machen können, von seinen primären Objekten vor der Überflutung von äußeren und inneren Reizen geschützt zu werden." (Teckentrup 2010, S. 98)

Nach dem Zweiten Weltkrieg entwickelte Hans Keilson in einer Studie über jüdische Kriegswaisen das Konzept der *sequentiellen Traumatisierung*. Dieses Konzept knüpft an Khans Idee an, dass nicht ein Einzelereignis für die Traumatisierung verantwortlich ist, und berücksichtigt die andauernden und kindsspezifischen Belastungen, denen Kinder und Jugendliche im Kontext von Krieg und Vertreibung ausgesetzt sind. Es lässt sich daher besonders gut auf die Situation von UMF übertragen. Keilson weist nach, dass Kinder und Jugendliche je nach Alter und Entwicklungsstufe unterschiedlich auf die Traumatisierung reagieren, beispielsweise hat die Trennung von den Eltern in der frühen Kindheit eine andere Bedeutung als in der

Adoleszenz (Teckentrup 2010, S. 99f.). Zudem unterteilt er die Belastungssituationen, die zu einer Traumatisierung beitragen, in die drei Sequenzen der Beginnphase, der direkten Verfolgung und der Nachkriegszeit (s. Abb. 3).

(1) Beginnphase	(2) direkte Verfolgung	(3) Nachkriegszeit
Verfolgung kündigt sich an, Bedrohungsszenario baut sich auf	Erfahrung von Flucht und Kriegsgeschehen, Trennung von den Eltern, Sich-Verstecken-Müssen, Hunger etc.	Wiedereingliederung, Normalisierung des Alltags, Umgang mit neuen Bezugspersonen

Abb. 3: Phasen der sequentiellen Traumatisierung nach Keilson *(vgl. Stolle 2001, S. 18; Teckentrup 2010, S. 100)*

Obwohl die letzte Sequenz schon die Situation nach Ende der akuten Bedrohung benennt, wird in Keilsons Studie deutlich, dass die Traumatisierung anhält und dass ihr Verlauf für die Gesundheit der Flüchtlingskinder von größerer Bedeutung ist als der Verlauf der zweiten Phase.

Auf die Situation der von mir befragten UMF übertragen bedeutet dies, dass die Ankunft in Deutschland nicht das Ende der Traumatisierung bedeutet, sondern dass die schmerzlichste Phase hier erst beginnt. (ebd.)

Viele junge Flüchtlinge leiden aufgrund der erlebten Traumatisierung unter Beschwerden, die das Leben im fremden Aufnahmeland zusätzlich erschweren. Häufig werden diese Folgen als Posttraumatische Belastungsstörung (PTBS) diagnostiziert, die im ICD 10 und dem DSM-IV, den beiden am häufigsten angewandten Klassifizierungssystemen psychischer Störungen, mit folgenden Kriterien beschrieben wird:

- Erleben eines schwer belastenden Ereignisses „außerhalb gewöhnlicher menschlicher Erfahrungen" (Teckentrup 2010, S. 98)
- gesteigerte Erregbarkeit: Symptome wie Schlafstörungen, Schreckhaftigkeit, Nervosität, etc.
- Vermeidung: Situationen, die an das traumatische Ereignis erinnern, werden vermieden
- Intrusion („Flashback"): ständiges Wiederbeleben des Ereignisses
- Häufige Begleiterscheinungen einer PTBS sind unter anderem Konzentrationsschwierigkeiten, emotionale Instabilität und Konversionsstörungen[16]. (ebd.)

---

[16] Konversion bedeutet in diesem Kontext, dass Gefühle, mit deren Verarbeitung eine Person überfordert ist, unbewusst auf eine körperliche Ebene übertragen werden, so dass es zu einer somatischen Symptombildung kommt. Die betroffene Person leidet unter Symptomen wie Krankheit, Schmerzen o.Ä., die sie nicht willentlich hervorruft und die nicht durch eine Vorerkrankung erklärbar sind. Durch die Symptombildung entsteht eine Entlastung vom

Problematisch an der Diagnose „PTBS" nach dem ICD 10 und dem DSM-IV ist, dass diese die unterschiedlichen Entwicklungsstufen von Kindern und Jugendlichen nicht berücksichtigt. Kinder und Jugendliche zeigen eine große Bandbreite an Reaktionen auf Traumatisierung, die dort nicht vollständig erfasst wird, so dass viele Verhaltensweisen nicht als Folge eines Traumas erkannt werden. (Lueger-Schuster 2003, S. 119f.)

Zudem können junge Menschen traumatische Vorgänge noch weniger verstehen als Erwachsene. So finden sie häufig magische Erklärungen für die Ereignisse oder geben sich selbst die Schuld am Geschehen. (Lueger-Schuster 2003, S. 120)
Ob nun die Diagnose der PTBS gestellt wird oder nicht, für die Kinder und Jugendlichen mit Fluchterfahrung ist es besonders wichtig, dass sie im Aufnahmeland ein unterstützendes Umfeld haben, denn „Stabilität, Geborgenheit, Sicherheit und Schutz sowie ein normalisierter Alltag können hilfreich sein, das Trauma zu bewältigen [...]." (Lueger-Schuster 2003, S. 123)

5.2. Rechtlicher Anspruch auf Unterstützung

Aufgrund widersprüchlicher Zielsetzungen des Asyl- und Ausländergesetzes sowie des Kinder- und Jugendhilfegesetzes ist die rechtliche Situation der minderjährigen Flüchtlinge, insbesondere der 16- bis 18-Jährigen, kompliziert und der Umgang mit ihnen wird in den einzelnen Bundesländern sehr unterschiedlich gehandhabt. Während Hessen beispielsweise vergleichsweise ausgefeilte Strukturen zur Aufnahme und Versorgung von UMF entwickelt hat und sich stärker am Gebot des Kindeswohls orientiert, hegt Bayern einen sehr restriktiven Umgang mit UMF und beruft sich vor allem auf die Regelungen des Ausländer- und Asylgesetzes. (s. hierzu die Evaluationsberichte des B-UMF[17])

Anspruch auf Jugendhilfe

Seit 2005 ist der Anspruch Unbegleiteter Minderjähriger Flüchtlinge auf Jugendhilfe dezidiert im KJHG verankert:
> „Das Jugendamt ist berechtigt und verpflichtet, ein Kind oder einen Jugendlichen in seine Obhut zu nehmen, wenn [...] ein ausländisches Kind oder ein ausländischer Jugendlicher unbegleitet nach Deutschland kommt und sich weder Personensorge- noch Erziehungsberechtigte im Inland aufhalten." (SGB VIII, § 42, Abs. 1)

Nach diesem Gesetz stehen ihnen bis zu ihrem 18. Lebensjahr die gleichen Förderungsmaßnahmen zu, wie deutschen Jugendlichen auch. Für UMF ist besonders wichtig, dass der Anspruch auf Jugendhilfe auch die finanzielle Sicherstellung des Lebensunterhalts beinhaltet, also Essensgeld, Kleidergeld, Taschengeld sowie eine

---

unmittelbaren psychischen Leiden, zudem entsteht häufig ein sekundärer Krankheitsgewinn durch Krankschreibung, Zuwendung etc. (ausführlicher s. Teckentrup 2010: 101)
[17] verfügbar unter: http://www.b-umf.de/index.php?/Datenbanken-und-Material/paper-des-b-umf.html#evaluationen

Gesundheitsversorgung, die Vorsorgemaßnahmen mit einschließt (Voigt 2010, S. 50). Damit sind sie deutlich besser gestellt als Flüchtlinge, die Leistungen nach dem AsylbLG erhalten.

§ 42 des SGB VIII verpflichtet das Jugendamt zudem, den UMF unverzüglich einen Vormund oder einen Pfleger zu bestellen, der den Minderjährigen – zumindest solange er unter 16 ist (s. nächsten Abschnitt) – rechtlich vertritt und ihn somit auch im Asylverfahren bzw. bei der Klärung seines Aufenthaltsstatus unterstützt.
Als Kriterium für den Anspruch auf Jugendhilfe gelten die Minderjährigkeit und die Trennung von den Sorgeberechtigten, nicht der Aufenthaltsstatus eines Jugendlichen. Somit haben auch geduldete und damit ausreisepflichtige Minderjährige ein Recht auf Jugendhilfemaßnahmen, solange sie sich innerhalb der deutschen Grenzen befinden.

Nach dem 18. Geburtstag der Jugendlichen gilt § 41 des SGB VIII, nach dem auch jungen Erwachsenen Jugendhilfe gewährt werden kann, wenn das Jugendamt einen solchen Bedarf feststellt. Zwar gilt nach dem SGB VIII als junger Volljähriger, wer jünger ist als 27, allerdings gilt die Richtlinie, dass Jugendhilfe nur bis zur Vollendung des 21. Lebensjahres gewährt werden soll. (vgl. Voigt 2010, S. 50)

Ein solcher Bedarf über das 18. Lebensjahr hinaus ist bei UMF häufig gegeben, beispielsweise, wenn sie erst kurz vor Erreichen der Volljährigkeit nach Deutschland gekommen sind. Diese Regelung bietet ihnen neben der Unterstützung von Pädagogen beim Ankommen und Einleben in die deutsche Gesellschaft die Möglichkeit, Deutschkurse und Nachhilfe in Anspruch zu nehmen, sowie einen Schulabschluss zu erlangen und gegebenenfalls eine Ausbildung abzuschließen. Außerdem kann diese Regelung sie davor schützen, mit Erreichen des 18. Lebensjahres in eine Asylunterkunft verlegt zu werden und dort mit den Leistungen nach dem AsylbLG leben zu müssen.

Während meiner Recherchen habe ich die Erfahrung gemacht, dass die Jugendämter mit dem Handlungsspielraum, den der § 41 des SGB VIII ihnen bietet, sehr unterschiedlich umgehen. Während einige Jugendämter bemüht sind, die Jugendlichen vor Erreichen des 21. Lebensjahres zu fördern, bis sie selbstständig in der Lage sind, für sich zu sorgen, beenden andere Ämter die Jugendhilfemaßnahmen sehr rigoros mit Erreichen der Volljährigkeit.

Widerspruch zwischen Ausländergesetz und Jugendschutzgesetz

Gerade in Bezug auf Altersbegrenzungen gibt es jedoch Widersprüche innerhalb der deutschen Gesetzestexte. Einerseits gilt nach dem SGB VIII (und nach der für Deutschland rechtsverbindlichen UN-KRK) jedes Kind und jeder Jugendliche unter 18 als minderjährig und hat somit einen Anspruch auf die beschriebenen Leistungen, also unter anderem auf die Unterstützung Erwachsener, die im Sinne des Minderjährigen Entscheidungen für ihn treffen. Andererseits sind für UMF in ihrer Eigenschaft als Ausländer aber auch das AufenthG sowie das AsylVfg relevant, nach denen Jugendliche ab ihrem 16. Lebensjahr als verfahrensmündig gelten und somit quasi wie Volljährige behandelt werden. (Espenhorst 2010) Hier besteht ein offensichtlicher Widerspruch zwischen beiden Gesetzen, die in Bezug auf UMF ohnehin miteinander konkurrieren, da das eine Gesetz den Gedanken der Förderung und Fürsorge zur Grundlage hat, während das andere Gesetz auf dem Grundgedanken der Restriktion und Beschränkung beruht. (ebd.)

Ursprünglich hatte die BRD die UN-KRK mit einem entsprechenden Vorbehalt belegt, der das Ausländerrecht über die Rechte der Kinder stellte und somit eine Schlechterstellung ausländischer Kinder gegenüber deutschen Kindern (insbesondere deren Behandlung als Volljährige bereits ab dem 16. Lebensjahr) möglich machte. Dieser Vorbehalt wurde zwar im Jahr 2010 zurückgenommen, allerdings wurde dies durch die Positionierung der Bundesregierung relativiert, dass dies für den praktischen Umgang mit UMF in Deutschland keine Änderungen notwendig mache. (Espenhorst 2011)

Die Tatsache, dass UMF über 16 als verfahrensmündig gelten, führt gelegentlich noch zu der Interpretation, dass sie selbstständig genug sind, um nicht in Obhut genommen werden zu müssen oder mit Genehmigung des Jugendamtes weiterhin in den Gemeinschaftsunterkünften wohnen können (Espenhorst 2010). Die Verfahrensmündigkeit hebt jedoch die Schutzbedürftigkeit Minderjähriger nicht auf. Zudem ist die Altersfeststellung der Ausländerbehörde für das Jugendamt nicht bindend: „Sollte das Jugendamt durch eigene Inaugenscheinnahme feststellen, dass der Flüchtling unter 18 Jahren ist, so ist er in Obhut zu nehmen" (Schwarz/ Tamm 2010, S. 41). Einige Bundesländer haben daher in Reaktion auf die Gesetzesänderung im Jahr 2005 und auf die Rücknahme der Vorbehaltserklärung zur UN-KRK ihr Verfahren geändert und bemühen sich nun um eine jugendgerechte Versorgung aller unbegleiteten Flüchtlinge unter 18.

5.3. Ankunft und Clearingphase[18]

Erreicht ein minderjähriger Flüchtling Deutschland, gilt es zunächst, ihn aufzunehmen und seine Grundbedürfnisse zu sichern, um dann Schritt für Schritt zu klären, wie das weitere Vorgehen zu gestalten ist. Während dieser Klärungsphase soll den Kindern und Jugendlichen zunächst ermöglicht werden, zur Ruhe zu kommen und zu merken, dass sie in Sicherheit sind. Das stattfindende Clearingverfahren hat zum Ziel, die „Bedürfnisse der Kinder und Jugendlichen zu ermitteln und die Ergebnisse mit den tatsächlichen Gegebenheiten abzuklären und so Perspektiven und Ziele für die weitere Planung zu erarbeiten." (Riedelsheimer 2010[b], S. 64)

---

[18] Wie bereits erwähnt, variieren die Abläufe und Regelungen zum Teil in den verschiedenen Bundesländern. In den Kapiteln 5.3 und 5.4 sind, wenn nicht anders vermerkt, die Abläufe in Hessen beschrieben.

Der Erstkontakt

Die Abläufe des Erstkontakts des UMF mit den Behörden bzw. Jugendhilfeeinrichtungen sind unterschiedlich, je nachdem, an wen er sich wendet. Manche
jungen Flüchtlinge werden als „Selbstmelder" von ihrem Schlepper direkt vor einer
Jugendhilfeeinrichtung mit Inobhutnahmeplätzen abgesetzt oder wenden sich von
selbst dort hin. Dann nimmt die Einrichtung sie auf und leitet die notwendigen
Schritte ein. Andere Jugendliche melden sich in den normalen Erstaufnahmeeinrichtungen für Asylbewerber oder bei der Polizei bzw. werden von der Polizei aufgegrif-
fen. In diesem Fall ist der Jugendliche, sobald er angibt oder den Eindruck erweckt,
minderjährig zu sein, an das Jugendamt zu übergeben und in einer geeigneten Einrichtung unterzubringen, also entweder in einer Jugendhilfeeinrichtung oder, idealerweise, in einem Clearinghaus. Dort findet die Erstversorgung statt und es werden
alle notwendigen Schritte veranlasst, es wird Meldung ans Jugendamt gemacht und
das Clearingverfahren eingeleitet.

Das Jugendamt ist verpflichtet, innerhalb von drei Tagen ab dem Erstkontakt ein
Gespräch zu arrangieren, an dem neben dem Jugendlichen ein Mitarbeiter der Aufnahmeeinrichtung, ein Mitarbeiter des Jugendamts und bei Bedarf ein Dolmetscher
teilnehmen. Dieses Gespräch soll nach Möglichkeit in der Aufnahmeeinrichtung
stattfinden und dient einer ersten Orientierung: Die Personalien des Jugendlichen
werden festgestellt, der Jugendamtsmitarbeiter nimmt eine erste Alterseinschätzung
per Inaugenscheinnahme vor, es werden Reisewege, familiäre Bindungen etc. er-
fragt.[19]

Priorität sollte zunächst haben, dem Jugendlichen ein Gefühl der Sicherheit und
des Schutzes zu vermitteln, denn

> „[der] Erstkontakt ist für den jungen Menschen eine sehr komplexe Situation. Er wird
> mit unterschiedlichen Menschen, deren Funktionen für ihn zunächst nicht unter-
> scheidbar sind, konfrontiert. Er wird zwar mit Informationen versorgt, aber aufgrund
> der Belastungssituation bleibt in dieser Phase offen, welches Maß an Informationen
> zu Beginn des Erstkontakts von den jungen Menschen aufgenommen und verarbeitet
> werden kann." (Stauf 2012, S. 32)

Das Clearingverfahren

Das Clearingverfahren sollte nach Ansicht des B-UMF maximal drei Monate dauern
und dient dazu, alle Schritte zu veranlassen, die notwendig sind, um eine möglichst
geeignete Versorgung des UMF sicherzustellen. Zunächst wird geklärt, ob der Minderjährige Verwandte in Deutschland oder anderen europäischen Ländern hat, ob es
in seinem Sinne wäre, bei oder in der Nähe der Verwandten zu leben und ob ein
Verwandter als Vormund in Frage kommt. Dabei ist nicht nur zu prüfen, ob eine
Unterbringung bei den Verwandten rein faktisch möglich wäre, sondern auch, ob sie

---

[19] Als Beispiel für den Ablauf eines solchen Gesprächs s. Anhang 3

dem Kindswohl entspräche. Auch bei der Übernahme einer Vormundschaft wird zunächst geprüft, ob ein Verwandter geeignet ist, oder ob ein externer Vormund das Wohl des UMF eher sicherstellten würde. Einen geeigneten Vormund vorzuschlagen und zu beantragen ist Aufgabe des Jugendamts, anschließend entscheidet das Familiengericht über den Antrag. Dies geschieht in Hessen in der Regel sehr zeitnah, außerdem wird für Minderjährige in der Regel ein Ergänzungspfleger bestellt, der sie in asyl- und ausländerrechtlichen Belangen berät.[20] (B-UMF/ UNIICR 2010, S. 6) Parallel werden die notwendigen Verfahren zur Beantragung der Kostenübernahme der notwendigen Jugendhilfemaßnahmen eingeleitet. Zwar sollte dem Jugendlichen im Rahmen der Möglichkeiten ein Mitspracherecht gewährt werden, ansonsten geschehen die administrativen Vorgänge jedoch in der Regel möglichst so, dass der UMF damit möglichst wenig belastet wird.

Neben der Meldung beim Familiengericht wird der Minderjährige auch bei der Ausländerbehörde angemeldet, erkennungsdienstlich erfasst und es wird ein Asylantrag gestellt bzw. andere aufenthaltsrechtliche Vorgehen eingeleitet. Die Kinder und Jugendlichen werden bei allen Terminen und Behördengängen von Mitarbeitern der Aufnahmeeinrichtung begleitet und zumindest seitens der Pädagogen besteht die Bemühung, diese so kindgerecht wie möglich zu gestalten. Dies gelingt nicht in allen Bundesländern, aber einer Evaluation des B-UMF zufolge scheinen die Behördenkontakte in Hessen unproblematisch zu sein. (B-UMF/ UNHCR 2010, S. 6)

Sollten hinsichtlich des Alters noch Unklarheiten bestehen, wird während der Clearingverfahrens eine Altersfestsetzung durchgeführt. Diese wird in der Regel durch Mitarbeiter des Jugendamts vorgenommen, zumindest aber in deren Beisein. Anhand von Gesprächen mit dem Jugendlichen und einer Inaugenscheinnahme wird dann entschieden, ob es glaubhaft erscheint, dass eine Person minderjährig ist.[21] Ist dies der Fall, läuft das Clearingverfahren weiter, kommen die Mitarbeiter zu dem Schluss, dass die Person volljährig ist, wird die Inobhutnahme beendet, die Person in eine Aufnahmeeinrichtung für Erwachsene weitergeleitet und über Widerspruchsmöglichkeiten und Hilfsangebote informiert. (B-UMF/ UNHCR 2010, S. 5)

---

[20] Bei unter 16-jährigen geschieht dies immer, bei über 16-jährigen kann es vorkommen, dass die Bestellung eines Ergänzungspflegers mit Begründung der Verfahrensfähigkeit des Jugendlichen abgelehnt wird.
[21] Es besteht die Möglichkeit, zur Klärung medizinische Verfahren wie z.B. das Röntgen des Handwurzelknochens in Anspruch zu nehmen. Dies geschieht jedoch immer seltener, unter anderem aufgrund ethischer Bedenken und da keines dieser medizinischen Verfahren eine sichere Alterseinschätzung ermöglicht. (Näheres s. Riedelsheimer 2010ᵃ)

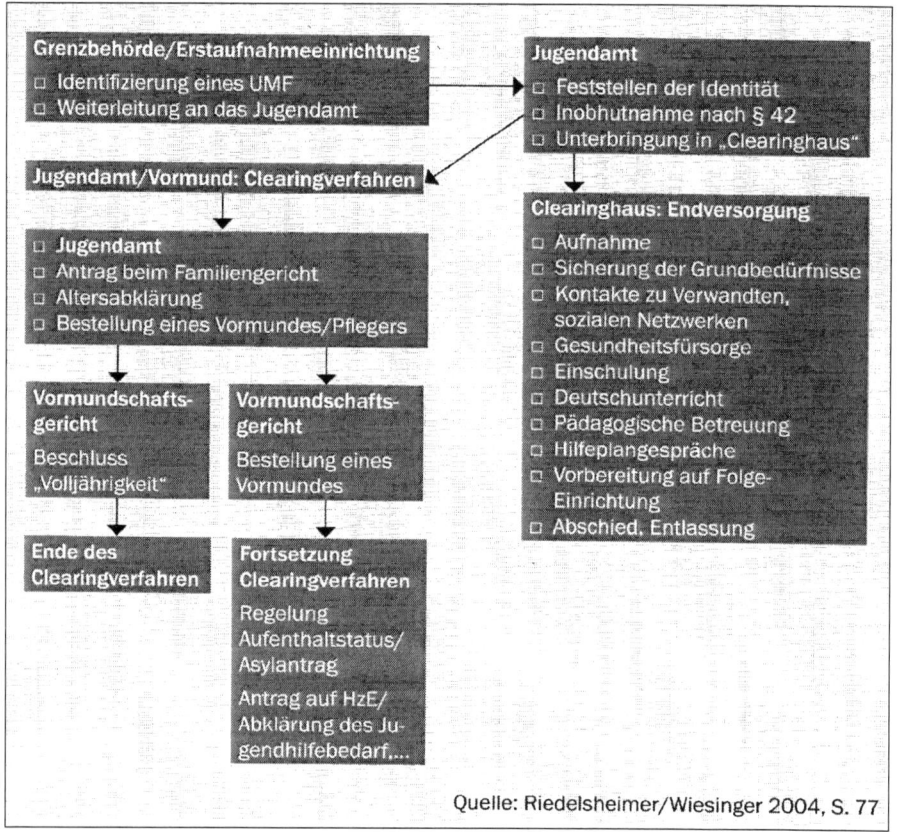

Abb. 4: Clearingverfahren für UMF
Quelle: Riedelsheimer/Wiesinger 2004 zit. nach Stauf 2012, S. 31

Unterbringung und Versorgung in der Clearingphase

Während der Clearingphase sind die Jugendlichen in der Regel noch nicht in der Einrichtung untergebracht, die ihr „endgültiges" zu Hause werden soll, sondern in einer Einrichtung mit Inobhutnahmeplätzen oder, wenn vorhanden, in einem speziellen Clearinghaus für UMF.

Priorität hat hier neben der Klärung rechtlicher und organisatorischer Fragen die Stabilisierung der jungen Flüchtlinge. So bemühen die Mitarbeiter sich zunächst um die Sicherung der Grundbedürfnisse: Der Neuankömmling wird mit Kleidung etc. versorgt und von einem Arzt auf Krankheiten oder körperliche Einschränkungen hin untersucht. (B-UMF/ UNHCR 2010)

Im Alltag soll ein geregelter Tagesablauf für ein Gefühl von Sicherheit sorgen und den Jugendlichen die Orientierung und Eingewöhnung erleichtern. So gibt es beispielsweise feste Essens- und Schlafenszeiten sowie Regeln für den Umgang miteinander. In vielen Erstaufnahmeeinrichtungen sind Mitarbeiter mit Migrationshintergrund beschäftigt, die die Muttersprachen der Kinder und Jugendlichen sprechen und sowohl als sprachliche, wie auch als kulturelle Vermittler zur Seite stehen. Dennoch beginnen die Jugendlichen so bald wie möglich einen Deutschkurs, der in speziellen Clearingeinrichtungen häufig hausintern stattfindet und in den die Jugendlichen jederzeit einsteigen können. Dieser Unterricht soll ihnen helfen, sich möglichst schnell verständigen zu können, schafft aber auch Tagesstruktur und bietet ihnen die Möglichkeit, an gewohnte Tagesabläufe wieder anzuknüpfen oder, wenn sie nie oder lange nicht zur Schule gegangen sind, sich in einem geschützten Rahmen wieder an das Lernen und die Unterrichtssituation zu gewöhnen.

Nachmittags und am Wochenende sollen Freizeitangebote den Jugendlichen helfen, sich von ihren Sorgen abzulenken und ihnen gleichzeitig die Möglichkeit bieten, ihre Umgebung zu erkunden. So werden zum Beispiel sportliche Aktivitäten und Ausflüge ins Schwimmbad, in Parks, Jugendzentren etc. angeboten. (Goldbach 2000)

Eine therapeutische Aufarbeitung der Fluchterlebnisse findet in den Erstaufnahmeeinrichtungen in der Regel noch nicht statt. Ziel ist es, wie gesagt, die Jugendlichen zunächst zu stabilisieren und zur Ruhe kommen zu lassen, eine Psychotherapie wird nur bei akutem Bedarf in die Wege geleitet. (B-UMF/ UNHCR 2010)

Diese Situation in der Clearingeinrichtung sollte maximal zwei bis drei Monate anhalten (ebd.). In diesem Zeitraum sollten alle grundlegenden Fragen geklärt und eine geeignete Folgeeinrichtung für den Jugendlichen gefunden werden, in welche er dann umzieht und die sein längerfristiges Zuhause bis zum Erreichen der Selbstständigkeit sein soll.

5.4. Der Alltag unbegleiteter minderjähriger Flüchtlinge

In Diesem Kapitel sollen die Bedingungen, die den Alltag von UMF in Jugendhilfeeinrichtungen prägen, kurz beschrieben werden. Es geht zunächst um eine Darstellung der Gegebenheiten, eine Analyse dessen, wie die Jugendliche diese wahrnehmen und wie sie sich auf deren Entwicklung und Wohlbefinden auswirken, wird im Kapitel 7 im Rahmen der Präsentation meiner Forschungsergebnisse stattfinden.

Stationäre Unterbringung

Es gibt verschiedene Konzepte der Unterbringung für junge Flüchtlinge, die unterschiedliche Stärken und Schwächen aufweisen. Das Konzept, das mir während meiner Forschung am häufigsten begegnete, sind multiethnische Gruppen, also Gruppen mit Jugendlichen, die die Erfahrung der Flucht oder Migration teilen, aber aus verschiedenen Herkunftskulturen stammen. Es gibt jedoch auch monoethnische Gruppen, also Gruppen mit Jugendlichen, die alle aus der gleichen Herkunftskultur stammen. Weitere Konzepte sind die gemischte Unterbringung von UMF verschiedener Herkunft gemeinsam mit deutschen Jugendlichen oder die vereinzelte Unter bringung von UMF in Gruppen, in denen sonst überwiegend deutsche Jugendliche leben. (vgl. Kallert 2000, S. 444)

Die in der Literatur beschriebenen Hauptprobleme der UMF-spezifischen Einrichtungen sind dieselben wie in allen anderen stationären Jugendhilfeeinrichtungen auch: Mit der Betreuung im Schichtdienst und einem häufigen Betreuerwechsel geht einher, dass die Jugendlichen oft keine konstanten Bezugspersonen haben, sich immer wieder auf neue Ansprechpartner einlassen müssen und keine langfristige Bindung an ihre Betreuer eingehen können. Zudem müssen in größeren Wohngruppen häufig individuelle Bedürfnisse bzw. individuelle Förderung zurückgestellt werden zugunsten der Einhaltung der Hausregeln und der Routine, um das „Funktionieren" des Alltags zu gewährleisten. (Goldbach 2000, Theilmann 2005)

Für UMF kommt erschwerend hinzu, dass nach meiner Recherche viele Einrichtungen sich an abgelegen Orten befinden und ggf. schlecht an den öffentlichen Nahverkehr angebunden sind, so dass sie nur mit viel Aufwand den Kontakt zu Landsleuten, religiösen oder kulturellen Einrichtungen der Herkunftskultur aufrecht erhalten können. (B-UMF/ UNHCR 2011, S. 13)

Im Rahmen der Hilfeplangespräche kommen der Jugendliche, ein Betreuer der Aufnahmeeinrichtung, ein Mitarbeiter des Jugendamts sowie ggf. der Vormund zusammen, um die bisherige Entwicklung des Jugendlichen zu reflektieren und festzulegen, wie die zukünftige Hilfe gestaltet sein muss, um eine möglichst geeignete Förderung des Jugendlichen sicherzustellen. Leider haben hier beschränkende Faktoren wie beispielsweise aufenthaltsrechtliche Bestimmungen oder das (offizielle) Alter des Jugendlichen häufig Vorrang vor den tatsächlichen persönlichen Voraussetzungen. (Theilmann 2005, S. 69f.)

Die Auseinandersetzung mit den Behörden

Durch das Asylverfahren bzw. ihren Aufenthalt als Ausländer mit mehr oder weniger schwachem Status sowie die Inobhutnahme haben die Jugendlichen zwangsweise sehr häufigen Kontakt mit verschiedenen Ämtern wie dem Ausländeramt, dem Arbeitsamt oder dem Jugendamt. Insbesondere das Asylverfahren stellt eine hohe Belastung für die Jugendlichen dar, da sie in permanenter Sorge um ihr Aufenthaltsrecht leben und es für sie noch schwerer sein dürfte, die Vorgänge nachzuvollziehen, als für Erwachsene. Auch „glaubwürdig und schlüssig asylrelevante Informationen vorzubringen, […] ist für Jugendliche oft schwieriger als für Erwachsene. Sie nehmen beispielsweise zeitliche Zusammenhänge anders wahr, besitzen ein geringeres Weltwissen, berichten aus Scham, Schüchternheit oder psychischer Verletztheit nur zögerlich. Zudem treffen Jugendliche oft nicht von selbst die Entscheidung zur Flucht, […] umso schwieriger ist es dann individuelle Fluchtgründe vorzubringen." (Espenhorst 2010, S. 2f.)

Mit der Ungewissheit des Aufenthalts ist verbunden, ein „Leben auf Raten" (Niedrig 2005, S. 264) zu führen, in dem die Jugendlichen sich von einer Verlängerung des Aufenthaltstitels zur nächsten hangeln und das neben der permanenten

Konfrontation mit den Ausländerbehörden auch eine langfristige Planung, beispielsweise des Ausbildungsverlaufs, unmöglich macht. Auch räumlich sind viele aufgrund ihres Status eingeschränkt: Wer der Residenzpflicht unterliegt und somit den Landkreis (bzw. den vom Ausländeramt festgelegten Bereich) nicht ohne Sondergenehmigung verlassen darf (vgl. Kap. 4.2), hat nur erschwert oder gar nicht die Möglichkeit, Freunde oder Verwandte in anderen Regionen Deutschlands oder gar im Ausland zu besuchen, an Klassenfahrten teilzunehmen etc. (Niedrig 2005, S. 263)

Ämterkontakte finden jedoch auch in anderen Lebensbereichen als der Frage nach dem Aufenthaltstitel statt. Während meiner Arbeit in verschiedenen stationären Einrichtungen war immer wieder Thema, dass jede Anschaffung oder Neuerung vom Jugendamt genehmigt werden muss. Insbesondere bei den UMF, die häufig keinerlei andere finanzielle Unterstützung als die des Jugendamtes haben, habe ich erlebt, dass dies kuriose Dimensionen annahm: Wer Schulmaterial braucht, in den Fußballverein eintreten will, eine neue Zahnspange braucht, muss einen Kostenübernahmeantrag stellen, nichts geht ohne vorherigen Schriftverkehr mit dem Jugendamt. Zwar werden solche Formalia nach meiner Erfahrung zum großen Teil von Betreuern übernommen, aber dennoch verkomplizieren sie auch den Alltag der Jugendlichen, da solche Genehmigungen Zeit brauchen und Spontaneität oft unmöglich machen.

Erschwerter Zugang zu Bildung und Arbeitsmarkt

Der Zugang zu Schulbildung wird in den verschiedenen Bundesländern unterschiedlich gehandhabt. In einigen Bundesländern besteht Schulpflicht für junge Flüchtlinge, in anderen haben sie ein Schulbesuchsrecht, mancherorts werden sie in Regelschulen integriert, anderswo separiert in ihren Unterkünften unterrichtet. (Rieker 2000, S. 421)

In Hessen herrscht Schulpflicht für UMF bis zum 16. Lebensjahr, anschließend haben sie ein Schulbesuchsrecht, das auf Antrag gewährt wird. Diese Unterscheidung hat insbesondere Konsequenzen für die finanzielle Unterstützung der Lehrmittel. (Studnitz 2011, S. 2)

In Frankfurt am Main werden UMF unter 16 üblicherweise nach einem Deutschkurs in Regelschulen eingeschult, während ältere Jugendliche die Möglichkeit der Teilnahme an migrantenspezifischen berufsvorbereitenden Maßnahmen haben. Diese werden teilweise mit einer speziellen Förderung im Bereich Deutsch als Fremdsprache angeboten und stellen für die Jugendlichen die Möglichkeit dar, einen Hauptschulabschuss zu erwerben. (B-UMF/ UNHCR 2011, S. 7f.)

In vielen Regionen gestaltet sich der erfolgreiche Schulbesuch junger Flüchtlinge jedoch als Herausforderung: So ist die Schule in Deutschland trotz der Erprobung verschiedener Konzepte zur Beschulung von Kindern ausländischer Herkunft meist immer noch ein „monokultureller und monolingualer Raum" (Studnitz 2011, S. 4), der es den jungen Flüchtlingen nicht leicht macht, sich zu integrieren. Häufig werden UMF in sogenannten „Vorbereitungsklassen" oder „Deutsch-Intensiv-Klassen" getrennt von deutschen Schülern unterrichtet, so dass sie kaum mit diesen in Kontakt kommen. Werden sie doch in Regelklassen eingeschult, besteht dort oft keine Möglichkeit, auf ihre individuellen Bedürfnisse, beispielsweise im Bereich der Sprachförderung oder bestimmter, bisher vernachlässigter Themengebiete, einzugehen (ebd.). In der Regel findet jedoch auch keine Förderung der Muttersprache oder der Herkunftskultur statt, so dass Rieker zu dem Schluss kommt, das deutsche Bildungssystem sei

> „weder geeignet, die Verbindung zur heimatlichen Sprache bzw. Kultur zu erhalten – und damit auch die Bedingungen einer Rückkehr ins Heimatland zu verbessern – noch sind wirksame Ansätze zur Integration und Teilhabe am hiesigen sozialen, kulturellen und wirtschaftlichen Leben zu erkennen. Durch die gegenwärtige Praxis sind die Jugendlichen damit sowohl den Nachteilen von Integrations- als auch von Segregationsstrategien ausgesetzt: Die Folgen sind kulturelle Entwurzelung und soziale Marginalisierung." (Rieker 2000, S. 423)

Auch die angespannte Alltagssituation der meisten jungen Flüchtlinge belastet den schulischen Erfolg: Viele von ihnen leiden unter Schlaf- und Konzentrationsstörungen, die es ihnen erschweren, dem Unterricht zu folgen. (ebd.)

Vor allem die schulische Inklusion der über 16-jährigen Flüchtlinge ist in vielen Bundesländern von staatlicher Seite bisher nur mangelhaft geregelt. In den meisten Regionen besteht – anders als in der oben beschriebenen Situation in Frankfurt am Main – das Problem, „dass sich allgemeinbildende Schulen in der Regel für 16- und 17-jährige Schuleinsteiger gar nicht mehr zuständig fühlen und Berufsschulen nicht auf die Zielgruppe eingerichtet sind. So gibt es von Seiten des Staates kaum flexible Möglichkeiten Schulabschlüsse nachzuholen." (Studnitz 2011, S. 4)

Auch der Zugang zum Arbeitsmarkt und zu Berufsausbildungen ist für junge Flüchtlinge erschwert, insbesondere, wenn sie nur im Besitz einer Duldung oder Aufenthaltsgestattung sind. Neben strukturellen Hürden wie dem nachrangigen Zugang zum Arbeitsmarkt bzw. der möglichen Verweigerung einer Arbeitserlaubnis durch das Arbeitsamt (vgl. Kap. 4.2) stellt ein befristeter Aufenthalt auch ein Risiko für potentielle Arbeitgeber dar, die sich daher oftmals für deutsche Bewerber oder solche mit gesichertem Aufenthalt entscheiden. (vgl. Studnitz 2011, S. 3)

6. Methodik

6.1. Fragestellung und Forschungskontext

Diesem Buch ging eine intensive Beschäftigung mit der allgemeinen Situation von
Flüchtlingen in Europa und an Europas Grenzen sowie mit den konkreten Lebensbedingungen unbegleiteter minderjähriger Flüchtlinge voraus. Im Folgenden werde ich
die Entwicklung der Fragestellung sowie den Kontext, in dem ich die Daten erhoben
habe, kurz skizzieren.

Entstehung der Forschungsfrage

In diesem Buch versuche ich, die Antwort auf eine Frage zu finden, die sich mir im
privaten Kontakt mit Flüchtlingen, während der theoretischen Beschäftigung mit der
Thematik sowie im Arbeitskontext immer wieder stellte: Wie erleben junge Menschen, die lange Fluchtwege, lange Phasen der Selbstständigkeit und gegebenenfalls
auch des Überlebenskampfes gemeistert haben, das Umfeld deutscher Jugendhilfe-
Einrichtungen? Wie ist es, wenn man unter Extrembedingungen in der Lage war,
selbstständig für sich zu sorgen, nun mit der Fürsorge der Betreuer und dem Apparat
der Jugendhilfe konfrontiert zu sein? Jugendliche, die wie Erwachsene gelebt haben,
sind wieder „Kind", es wird einerseits wieder für sie gesorgt und ihr Überleben ist
gesichert, aber andererseits sind sie gleichzeitig als Minderjährige in ihrer Selbstbe-
stimmung eingeschränkt und sollen sich an Fernsehzeiten, Essenszeiten, Ausgehzei-
ten, Schulpflicht und Hausregeln halten. Wie gehen die Jugendlichen mit dieser
Veränderung ihres Freiraums um? Sind sie froh um die Unterstützung und den
Schonraum oder fühlen sie sich in ihrer Autonomie beschränkt? Wie nehmen sie ihr
Leben in solchen Einrichtungen wahr?

Rahmenbedingungen der Forschung

Die Untersuchung dieser Fragestellung fand hauptsächlich im Rahmen eines zwei-
monatigen Praktikums in einer hessischen Jugendhilfeeinrichtung statt.

Die Einrichtung befindet sich in einer ländlichen Gegend, ist aber durch den öffentlichen Nahverkehr an die nächste größere Stadt angebunden, auch wenn die
Verbindung zeitaufwändig und abends bzw. an den Wochenenden eingeschränkt ist.

Obwohl es sich offiziell um eine normale Jugendwohngruppe handelt, leben in
der Einrichtung, die über 24 Plätze verfügt, hauptsächlich UMF, während deutsche
Mitbewohner eher eine Ausnahme sind. Die Jugendlichen im Haus sind zum Zeitpunkt meines Aufenthalts 14 bis 19 Jahre alt, überwiegend männlich und stammen
vorwiegend aus Afghanistan, Somalia und Äthiopien. Die meisten von ihnen sind
gläubige Muslime, einige sind äthiopisch-orthodoxe Christen oder Katholiken.

Die Atmosphäre im Haus habe ich als freundlich und offen empfunden. Alle Personengruppen, die Jugendlichen wie auch die Betreuer und die übrigen Hausange-

stellten, gingen in meinen Augen respektvoll und wertschätzend miteinander um, seitens der Pädagogen hatte ich den Eindruck, dass sie engagierte Arbeit leisten und aktiv auf die Jugendlichen zugehen.

Die Jugendlichen leben je nach Alter, Entwicklungsstand und Dauer des Aufenthalts in zwei Gruppen, die einen unterschiedlichen Grad an Betreuung bieten.

In der größeren der beiden Gruppen gibt es feste Tagesstrukturen und eine engmaschige Betreuung der Jugendlichen. Die Gruppe kommt zu gemeinsamen Mahlzeiten zusammen, es gibt feste Lernzeiten und das Angebot der Hausaufgabenhilfe, die Betreuer helfen den Jugendlichen, ihre Termine zu koordinieren und einzuhalten und begleiten sie bei Arztbesuchen, Behördengängen etc. An den Wochenenden und in den Ferien werden gemeinsame Freizeitaktivitäten angeboten.

Die kleinere der beiden Gruppen bereitet die Jugendlichen auf ein selbstständiges Leben in einer eigenen Wohnung vor. Jeder ist selbst für seine Tagesgestaltung verantwortlich, es gibt Gemeinschaftsräume, in denen die Jugendlichen kochen können, Gäste empfangen, fernsehen etc. Tagsüber ist in der Regel ein Betreuer vor Ort, der als Ansprechpartner zur Verfügung steht und die Jugendlichen bei Behördenkontakten, Sprachschwierigkeiten etc. unterstützt, nachts können sie sich in Notfällen an den in der Nachbargruppe anwesenden Betreuer wenden.

Im Rahmen meiner Forschung war ich in die alltäglichen Aufgaben mit eingebunden, habe an den Mahlzeiten teilgenommen, die Jugendlichen zu Terminen begleitet, ihre Post mit ihnen bearbeitet, Freizeitaktivitäten unternommen etc. In der Zeit meiner Präsenz in der Einrichtung ergaben sich jedoch zwei Besonderheiten: Zum einen erstreckte sie sich teilweise über die Sommerferien der Jugendlichen, so dass der Alltag weniger strukturiert war als sonst und mehr Freiraum für Freizeitaktivitäten bot. Zum anderen fiel auch der Ramadan in die Zeit meines Aufenthaltes, so dass die meisten muslimischen Jugendlichen tagsüber kaum ihre Zimmer verließen, abends aber dafür ein besonders intensives Gruppenleben mit gemeinsamem Kochen etc. stattfand.

6.2. Vorgehensweise und Methodenwahl bei der Datenerhebung...

Da es sich bei UMF um eine aufgrund ihrer Vorgeschichte wie auch ihrer aktuellen Lebenssituation und der unklaren Zukunftsperspektive sehr sensible Personengruppe handelt, kam nur ein entsprechend behutsames Vorgehen in Frage: Wenn ich Antworten erhalten wollte und noch dazu möglichst ehrliche und authentische, war klar, dass eine Phase des Kennenlernens und Vertrauensaufbaus notwendig ist, außerdem sollte meine Präsenz für die Jugendlichen so wenig belastend wie möglich sein. Zudem war mein Ziel nicht primär die Erfassung tatsächlicher Fakten, sondern vor allem die subjektive Wahrnehmung der Jugendlichen. Unter diesen Umständen bot sich eine ethnographische Feldforschung mit Verwendung unterschiedlicher Methoden an, die im Rahmen des erwähnten Praktikums möglich war.

Ethnographische Feldforschung

Die Grundidee jeder ethnographischer Feldforschung ist es, die zu erforschende Person oder Gruppe in ihrer eigenen Lebenswelt aufzusuchen und ihr Verhalten bzw. die Rahmenbedingungen „im Feld" möglichst realitätsnah und unverzerrt zu erkunden. Dazu ist der Forschende bemüht, eine Rolle einzunehmen, mit der er sich möglichst gut in das Feld integrieren kann, was auch beinhaltet, persönliche Beziehungen zu den Personen vor Ort aufzubauen und idealerweise eine Funktion im Feld zu übernehmen, die für die Erforschten von Nutzen ist, aber die vorhandenen Strukturen nicht durcheinanderbringt (Mayring 2002, Beer 2008). Diese Bedingungen waren meines Erachtens durch meine Position als Praktikantin in der oben beschriebenen Einrichtung weitgehend gegeben. Als Forschende bot mir der Aufenthalt in der Einrichtung (also im „Feld"), die Möglichkeit, verschiedene Methoden und Informationsquellen nutzen, um so unterschiedliche Daten zu sammeln, die sich gegenseitig ergänzen und kontrollieren konnten. (vgl. Beer 2008, S. 11)

Eine der wichtigsten Methoden ethnologischer Feldforschung, die auch in meiner Forschung eine der Hauptinformationsquellen war, ist die teilnehmende Beobachtung. Teilnehmende Beobachtung meint, „nicht passiv-registrierend außerhalb des Gegenstandsbereichs [zu stehen]" (Mayring 2002, S. 80), sondern aktiv am Leben der zu Erforschenden teilzunehmen, gleichzeitig aber die Beobachterposition nicht zu vergessen, aus der die Geschehnisse kritisch wahrgenommen und analysiert werden. Der Forschende steht also vor der Herausforderung, ein ausgewogenes Verhältnis zwischen Nähe und Distanz zu wahren (Beer 2008; Mayring 2002). Darauf, wie ich selbst mit dieser Herausforderung umgegangen bin, werde ich in Kapitel 6.4 in einer Reflexion meiner Rolle als Forschende genauer eingehen.

Indem ich am Alltag der Jugendlichen in der Wohngruppe teilnahm, bot sich zum einen die Möglichkeit, ihr Verhalten im Alltag zu wahrzunehmen und mit ihren Aussagen während der Interviews zu vergleichen, mitzuerleben, wovon sie berichten oder auch vermeintliche Unstimmigkeiten zu entdecken, aus denen sich wiederum neue Fragen oder Erkenntnisse ableiten ließen. Zum anderen ergaben sich im Alltag häufig situationsbedingt (beispielsweise beim Kochen, im Auto etc.) informelle Gespräche mit den Betreuern und den Jugendlichen, in denen sie in der Regel offener und entspannter waren, als dies während der Interviews der Fall war und in denen häufig neue Aspekte auftauchten, die für meine Forschung relevant sind.

Die durch die Beobachtung und Teilnahme am Alltag gewonnen Daten hielt ich hauptsächlich in Form von Situations- und Gesprächsprotokollen fest, die ich möglichst zeitnah zu den Geschehnissen verfasste, zudem war in den zwei Monaten der Feldforschung ein Notizblock, in dem ich Beobachtungen und Gedankengänge festhielt, mein ständiger Begleiter.

Semistrukturierte Interviews

Eine weitere Methode der Informationsgewinnung waren Interviews, die ich mit einigen Jugendlichen sowie Betreuern führen konnte.

Ziel der Interviews war es zum einen, die emische Sichtweise der Jugendlichen auf ihren Alltag zu ergründen und herauszufinden, wie sie selbst ihre Situation und ihre Bedarfe einschätzen. Zum anderen habe ich mich entschieden, auch Betreuer nach ihrer Einschätzung der Betreuungssituation und Bedarfe zu fragen, da diese über zum Teil langjährige Erfahrung verfügen und bereits viele minderjährige Flüchtlinge mit dem Ziel der Verselbstständigung betreut haben. Die so gewonnenen Informationen dienen mir als wichtige Kontrolle und Ergänzung meiner eigenen Beobachtungen.

Für die Befragung beider Personengruppen schien mir aus folgenden Gründen die Form des semistrukturierten Interviews geeignet:

Aus meiner bisherigen Recherche hatten sich bereits Themenschwerpunkte ergeben, zu denen ich mir in den Interviews weitere Informationen erhoffte. Aus diesem Vorwissen habe ich einen Fragenkatalog entwickelt, der mir helfen sollte, weitere Informationen zu sammeln und meine Hypothesen zu überprüfen. Gleichzeitig wollte ich die Gesprächssituation jedoch möglichst offen und zwanglos gestalten. Mir ist bewusst, dass vorformulierte Fragen implizite Annahmen darüber beinhalten, welche Themen von Bedeutung sind und welche nicht. Die Situation sollte also ausreichend offen gestaltet sein, dass die Interviewpartner nicht unter Druck gerieten, „richtige" Antworten zu geben oder sich zu Themen Antworten aus den Fingern zu saugen, die für sie selbst von keinerlei Relevanz sind. Vielmehr sollten sie selbst entscheiden können, bei welchen Themen sie einen Schwerpunkt setzen und die Möglichkeit haben, neue Themen einzubringen.

Diese Voraussetzungen sah ich in der Form des semistrukturierten Interviews erfüllt, das „den Befragten möglichst frei zu Wort kommen [lässt], um einem offenen Gespräch nahe zu kommen" (Mayring 2002, S. 67), dem aber gleichzeitig ein Leitfaden zugrunde liegt, auf dem die zentralen Punkte festgehalten sind. Der Interviewer hat die Möglichkeit, „je nach Gesprächsverlauf nicht nur die Reihenfolge, sondern auch die Themen [zu] ändern bzw. dem oder der Interviewten die Möglichkeit [zu] geben, eigene Themen neu einzuführen" (Schlehe 2008, S. 127). Zudem bietet diese Interviewform die Möglichkeit, Vertiefungsfragen oder Ad-hoc-Fragen zu stellen, die sich aus dem Gesprächsverlauf ergeben. (ebd.)

Den Zeitpunkt der Interviews wählte ich nicht gleich zu Beginn meines Praktikums, sondern nach einer „Aufwärmphase", in der die Jugendlichen die Möglichkeit hatten, mich kennenzulernen und eine erste Vertrauensbasis herzustellen. Auch ich selbst habe diese Phase genutzt, um einen ersten Eindruck von den Jugendlichen zu bekommen und abzuwägen, wer für ein Interview in Frage käme. Folgende Kriterien spielten hierbei (unter anderem) eine Rolle:
- Freiwilligkeit: Selbstverständlich fand die Befragung der Jugendlichen auf freiwilliger Basis statt.
- Das Alter der Jugendlichen: Aus organisatorischen Gründen kamen nur Interviews mit volljährigen Jugendlichen in Frage.

- Deutsch-, Englisch- oder Französischkenntnisse: Es musste eine ausreichende sprachliche Basis für die Kommunikation mit den Jugendlichen geben. Diese war nur in den genannten Sprachen vorhanden.
- Die Dauer des Aufenthalts in Deutschland/ in der Jugendhilfeeinrichtung: Die Befragten sollten über eine ausreichende Erfahrung in Jugendhilfeeinrichtungen verfügen.
- Die persönliche Situation der Jugendlichen: Einige Jugendliche standen aufgrund bevorstehender aufenthaltsrechtlicher Entscheidungen enorm unter Stress oder waren aus anderen Gründen stark belastet. Ein Interview hätte hier mit zusätzlichem Stress oder Ängsten verbunden sein können. Um eine weitere Belastung zu vermeiden, habe ich diese Jugendlichen nicht um ein Interview gebeten.

Unter diesen Voraussetzungen sind fünf Interviews mit Jugendlichen entstanden. Vier davon konnte ich als Audiodateien aufnehmen und im Anschluss transkribieren, ein fünftes Interview habe ich anhand einer Mitschrift protokolliert.

Außerdem konnte ich zwei Betreuer der Jugendlichen befragen, die eine Audioaufnahme ebenfalls ablehnten, mit einer detaillierten Protokollierung jedoch einverstanden waren.

Leitfragen in der Feldforschungsphase

Folgende Leitfragen dienten mir während der Beobachtungen wie auch während der Interviews als Grundlage:

Zum Thema Ankunft und Clearingphase:
- Wie haben die Jugendlichen ihre Ankunft in Deutschland und den ersten Kontakt mit Polizei und Jugendamt wahrgenommen?
- Wurden sie über ihre Rechte informiert und darüber, wie die weiteren Abläufe sind?
- Fanden sie die Unterstützung, die sie erhalten haben, angemessen?

Zum Thema Wohngruppe und aktuelle Lebenssituation:
- Wie haben die Jugendlichen ihre Ankunft und die Phase des Einlebens empfunden?
- Wie geht es ihnen jetzt in der aktuellen Wohn- bzw. Gruppensituation?
- Wie ist das Verhältnis zu den Betreuern?
- Wie nehmen die Jugendlichen die Regeln im Alltag (Hausordnung etc.) wahr?
- In welchen Lebensbereichen fällt den Jugendlichen die Anpassung an die Situation besonders schwer? Wo bräuchten/ fordern sie mehr Unterstützung?
- Welche Aspekte am Leben in der Einrichtung finden sie besonders positiv, welche besonders negativ?
- Wie wirkt sich ihre Vergangenheit (und ggf. eine Traumatisierung) auf ihren Alltag aus? Leiden die Jugendlichen unter Krankheiten, Einschränkungen oder ähnlichem? Haben sie besondere Ressourcen?
- Wie gut sind die Jugendlichen in das Umfeld außerhalb der Einrichtung integriert? Haben sie (deutsche) Freunde/ Kontakte außerhalb der Einrichtung; wie

gut ist ihre Orientierung im Alltag, die Nutzung von Freizeiteinrichtungen, Nahverkehr etc.?

- Welche Ziele haben die Jugendlichen in der näheren wie in der ferneren Zukunft?
- Welche Veränderungswünsche haben sie bezüglich ihrer Lebenssituation?

6.3. ... und bei der Datenauswertung

Um die gesammelten Daten möglichst sinnvoll auszuwerten, habe ich mich entschieden, die als Audiodatei festgehaltenen Interviews zu transkribieren und meine schriftlichen Ergebnisse nach dem Schema der Grounded Theory auszuwerten.

Transkription und Protokollierung der gesammelten Daten

Bei der Frage, wie ich mit den gewonnenen Daten umgehen wollte, kam ich schnell zu dem Schluss, dass es sinnvoll sei, aufgenommene Interviews zu transkribieren. Andere Gespräche und Ereignisse, die mir von Bedeutung erschienen, habe ich möglichst zeitnah und gründlich protokolliert. So entstanden eine Vielzahl aus Notizen, die als Stichworte, Memos und ausformulierte Protokolle vorliegen, sowie vier Interviewtranskriptionen.

Bei der Transkription der Interviews stand für mich im Vordergrund, die Aussagen der Jugendlichen möglichst so wiederzugeben, dass die Sinnzusammenhänge und der Sprachstil erkennbar bleiben. Da meine Interviewpartner kein fließendes Deutsch sprechen, verlangte dies ein stetiges Abwägen, ob Sprach- und Grammatikfehler korrigiert oder übernommen werden sollten. Einerseits sollen die Transkripte möglichst verständlich sein und selbstverständlich möchte ich die unvollkommenen Sprachkenntnisse meiner Interviewpartner nicht vorführen (zumal ich beeindruckt war, wie schnell und geschickt sie in der Lage waren, sich auf Deutsch zu verständigen). Andererseits erleichtert es meines Erachtens die Interpretation des Gesagten, wenn der Leser den Stand der Sprachkenntnisse der Jugendlichen nachvollziehen und somit erahnen kann, welche sprachlichen Besonderheiten zufällig entstanden oder beabsichtigt sind. Nur so wird meines Erachtens erkennbar, dass einige sprachliche Auffälligkeiten nicht unbedingt als besondere Betonung eines Umstands, sondern schlicht als Sprachfehler zu werten sind. Daher habe ich mich für einen Mittelweg entschieden: Einige Fehler, bei denen es sich recht offensichtlich um grammatikalische Pannen handelt, habe ich nicht wörtlich übernommen, sondern geglättet, andere Fehler, bei denen beispielsweise eine komplette Umstellung des Satzes notwendig gewesen wäre oder die ich als sprachliche Eigenheiten der Jugendlichen wahrgenommen habe, habe ich übernommen.

Ähnlich verhält es sich mit der Darstellung des Tonfalls, der Pausen etc. Der Katalog der verwendeten Transkriptionszeichen (s. Anhang 2) basiert ursprünglich auf den benannten Quellen, ich habe mir jedoch erlaubt, ihn so umzustellen und zu reduzieren, dass er mir für meine Zwecke, nämlich eine nicht unbedingt zu einhundert

Prozent naturgetreue, sondern eine möglichst sinn- und situationsgetreue Wiederga-
be des Gesagten, geeignet erscheint.

Auswertung nach der Grounded Theory

Bei der Auswertung meiner Daten habe ich mich an der *Grounded Theory* orientiert,
einer in den 50er Jahren von den Soziologen Anselm Strauss und Barney Glaser
entwickelten Methode – oder vielmehr eine Ansammlung von Methoden – anhand
derer eine begründete bzw. gegenstandsverankerte (*grounded*) Theorie entwickelt
werden soll, die sich induktiv aus der Untersuchung des Forschungsgegenstandes
ergibt (vgl. Strauss/ Corbin 1996, S. 7). Eine der Besonderheiten der Methode ist
daher, dass Datenerhebung und -auswertung keine voneinander getrennten Prozesse
sind, sondern ineinandergreifen: In einem zirkulären Vorgehen werden anhand der
ausgewerteten Daten Konzepte und Theorien entwickelt, die im Anschluss wiederum an den Daten oder im Feld überprüft und weiterentwickelt werden. Ziel ist es,
eine Theorie zu entwickeln, die (1.) der Wirklichkeit des untersuchten Feldes gerecht wird und mit diesem übereinstimmt, (2.) sowohl für die untersuchte Personengruppe als auch die im Feld aktiven Praktiker nachvollziehbar und sinnvoll ist, (3.)
abstrakt genug ist, um in vielen verschiedenen Kontexten angewendet werden zu
können, die mit dem Untersuchungsgegenstand verwandt sind und (4.) eine Hand-
lungskontrolle für die Akteure im Feld ermöglicht. (Strauss/ Corbin 1996: 8)

Das Konzept der Grounded Theory erscheint mir für mein Forschungsvorhaben
sinnvoll, da es ein systematisches Vorgehen anhand von Methoden und Techniken
anbietet, mit denen sich „sprachvermittelte Handlungs- und Sinnzusammenhänge"
(Legewie in Strauss/ Corbin 1996, S. VII) aus einer „komplexe[n] soziale[n] Wirklichkeit" (ebd.) darstellen und analysieren lassen.

Hierzu werden die Daten – in diesem Fall also die Interviewtranskripte sowie die
Beobachtungs- und Gesprächsprotokolle – *codiert*. Das bedeutet so viel wie das
„Verschlüsseln oder Übersetzen von Daten […] und umfasst die Benennung von
Konzepten wie auch ihre nähere Erläuterung und Diskussion" (Böhm 2007, S. 476).
In der Grounded Theory existieren drei unterschiedliche Codierverfahren:

Beim *offenen Kodieren* wird der Text zunächst sehr kleinschrittig in einzelne
Segmente aufgebrochen, denen jeweils *Konzepte* zugeordnet werden. Hierbei steht
die enge Orientierung am Text im Vordergrund, die Konzepte sollten noch nicht auf
wissenschaftlichen Theorien beruhen, sondern es sollten *In-Vivo-Codes* gewählt
werden, also Formulierungen, die die Interviewpersonen selbst verwenden. Bei der
Erstellung der Codes hilft es, bestimmte Fragen an den Text zu stellen: Wer tut was
auf welche Art, wann tut er es und warum, welche Taktiken verfolgt er, etc. Es entsteht eine erste Sammlung an Konzepten, die in Bezug auf ihre Eigenschaften, Häu-
figkeiten, Dimensionen etc. untersucht und im nächsten Schritt zu Kategorien zu-
sammengefügt werden können. (Strauss/ Corbin 1996; Böhm 2007)

Dieser nächste Schritt wird von den Entwicklern der Methode als *axiales Kodieren* bezeichnet: Im mittleren bis späten Stadium der Auswertung werden die vorhan-

denen Konzepte ausdifferenziert und weiterentwickelt, bis sie zu Kategorien verfestigt werden können. Diese Kategorien werden nun zueinander und zu den Konzepten in Beziehung gesetzt und auf ihre Eigenschaften, ihre „räumlichen Beziehungen, Ursache-Wirkungs-Beziehungen, Mittel-Zweck-Beziehungen, argumentativen [und] motivationalen Zusammenhänge" (Böhm 1007, S. 479) hin untersucht. Hierbei hilft das von Strauss entwickelte paradigmatische Modell (vgl. Abb. 5). Insbesondere das axiale Kodieren dient der gleichzeitigen Entwicklung von Theorien und ihrer konstanten Überprüfung am Datenmaterial sowie der Einarbeitung neuer Entdeckungen. Es ist ein stetiges „Hin- und Herpendeln zwischen induktivem und deduktivem Denken" (Strauss/ Corbin 1996, S. 89), also ein zentrales Element, das die „Gegenstandsverankerung" der Theorie ausmacht.

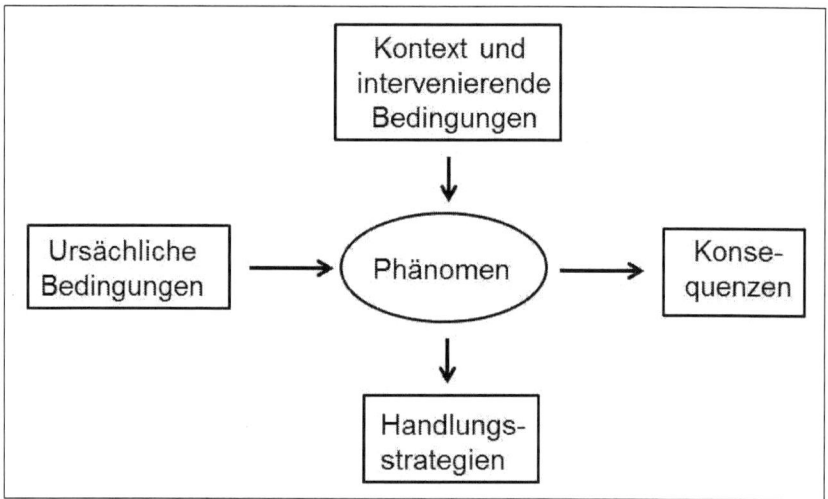

Abb. 5: Das paradigmatische Modell nach Strauss. *(s. Böhm 2007, S. 479)*

Im letzten Auswertungsschritt, dem Prozess des *selektiven Kodierens*, wird nach dem zentralen Phänomen der Untersuchung gesucht, der sogenannten *Kernkategorie,* die nun in das bereits erarbeitete Beziehungsgeflecht aus Konzepten und Kategorien integriert wird. Dabei kann es sein, dass dieses Geflecht noch einmal überarbeitet bzw. umgestellt wird. Um diesen letzten Schritt der Theoriebildung zu vollziehen, schlagen Strauss/ Corbin verschiedene Verfahren vor:

> „Der erste Schritt [sic!] besteht im Offenlegen des *roten Fadens der Geschichte.* Der zweite besteht aus *dem Verbinden der ergänzenden Kategorien* rund um die *Kernkategorie* mit Hilfe des *Paradigmas.* Der dritte umfaßt das *Verbinden der Kategorien auf der dimensionalen Ebene.* Der vierte beinhaltet das *Validieren dieser Beziehungen* durch die Daten. Der fünfte und letzte Schritt besteht im *Auffüllen der Kategorien,* die einer weiteren Verfeinerung und/oder Entwicklung bedürfen." (Strauss/ Corbin 1996, S. 95; Hervorhebungen im Original)

Die Autoren betonen jedoch, dass diese Schritte nicht linear aufeinanderfolgen, sondern dass auch hier ein Hin- und Herspringen erlaubt und gewollt ist. Sie haben zum Ziel, „eine Geschichte auf die Reihe zu bekommen, einen klaren roten Faden der Geschichte zu erstellen und diesen in eine analytische Geschichte zu übersetzen" (Strauss/ Corbin 1996, S. 117).

6.4. Reflexion des Forschungsprozesses

Bei einer Feldforschung bleiben schwierige Situationen, Interessenkonflikte und der Gedanke, was man alles hätte besser machen können, vermutlich nie aus. Im Folgenden werde ich darstellen, auf welche Probleme ich bei der Datenerhebung stieß und auch meine Rolle und Verantwortung als Forschende hinterfragen.

Probleme bei der Datenerhebung

Schon bei der Wahl des Forschungsthemas war mir bewusst, dass der Feldzugang sich als schwierig erweisen könnte. Diese Befürchtung hat sich zum Teil bestätigt. In der Einrichtung, in der ich meine Daten sammelte, waren die meisten Personen meinem Forschungsvorhaben gegenüber zwar sehr aufgeschlossen, andere Häuser reagierten jedoch zurückhaltender. Ursprünglich hatte ich geplant, Jugendliche aus verschiedenen Wohngruppen zu befragen, um die Arbeitsweisen verschiedener Einrichtungen vergleichen zu können und herauszufinden, wie die Jugendlichen die unterschiedlichen Stile wahrnehmen, was gut läuft und wo Raum für Verbesserung ist. Aus Gründen der räumlichen Nähe und Erreichbarkeit habe ich mich in der Vorbereitung darauf beschränkt, einige Einrichtungen in Rheinland-Pfalz und Hessen zu kontaktieren. Zunächst stieß ich bei der Präsentation meines Vorhabens fast überall auf Interesse und Hilfsbereitschaft, allerdings kam es außer in der einen besagten Einrichtung zu keiner Kooperation. Die Gründe hierfür waren vielfältig und meist nachvollziehbar: Die Jugendlichen lehnten es ab „schon wieder an einer Befragung teilzunehmen", das Betreuerteam war neu zusammengestellt und noch nicht bereit, Fremden Einblick zu gewähren, der Zeitplan der Gruppe erlaubte meinen Besuch nicht oder die Verantwortlichen waren nie für eine Terminabsprache erreichbar. Meine Untersuchung beschränkt sich also auf die Darstellung der Situation in einer einzelnen Einrichtung.

Bei der Betrachtung der Ergebnisse ist weiterhin zu berücksichtigen, dass meine jugendlichen Interviewpartner ausnahmslos männlich waren. Dies hängt mit der Struktur der untersuchten Gruppe zusammen: In der Einrichtung leben überwiegend junge Männer und die wenigen Frauen und Mädchen dort habe ich als eher zurückhaltend erlebt. Zusätzlich ist die Zahl der für ein Interview in Frage kommenden Mädchen und Frauen durch die im Kapitel 6.2 genannten Kriterien weiter eingeschränkt, so dass keine Befragung zustande kam.

Kritisch zu hinterfragen ist auch, inwieweit die Aussagen der Jugendlichen durch Ängste oder bestimmte Erwartungen geprägt sind. Durch die wiederholte Rechtfertigung ihres Aufenthaltes im Rahmen der aufenthaltsrechtlichen Verfahren und den beständigen Aushandlungsprozess mit dem Jugendamt über die in Anspruch genommenen Leistungen ist davon auszugehen, dass die Jugendlichen sehr geübt darin sind, bestimmte Diskurse zu bedienen. Ich hatte es gewissermaßen mit „Anpassungsspezialisten" zu tun, die geübt darin sind, zu erkennen, was ihr Gegenüber gerne hören würde (vgl. Dietz/ Holzapfel 1999, S. 196). Auch Schuldgefühle bzw. das Gefühl, dem deutschen Staat, dem Jugendamt oder den Betreuern zu Dankbarkeit verpflichtet zu sein, haben sicherlich Auswirkungen auf die Aussagen der Jugendlichen. Hier gilt es, bei der Auswertung der Daten besonders sensibel hinzuschauen und „zwischen den Zeilen zu lesen".

Erkennen und Gestalten der eigenen Rolle

Auch mein eigenes Auftreten sowie die Rolle, die ich während der Forschung eingenommen habe, hatten zweifellos Einfluss auf die Aussagen der Jugendlichen. Die Position als Praktikantin in der Einrichtung hatte meines Erachtens sowohl Vor- als auch Nachteile.

Vorteile waren zweifellos, dass ich in dieser Position in die alltäglichen Aufgaben mit eingebunden war und so eine für alle Beteiligten klar definierte Rolle hatte. Indem ich bestimmte Aufgaben übernahm, wurde ich erstens vom Fremdkörper zum Teil des Systems und zweitens hatte ich selbst das Gefühl, dem Umfeld, das mir meine Forschung ermöglichte, durch meine Arbeit etwas zurückgeben zu können und so gewissermaßen eine win-win-Situation zu schaffen. Gleichzeitig könnte man diese Integration auch als Nachteil ansehen, denn ich wurde zwar Teil des Systems, wurde dadurch aber auch an einer bestimmten Position verortet: Als Praktikantin war ich Teil des Betreuerteams und stand somit in dem Machtgefälle (das sich auch bei einem vertrauensvollen Verhältnis zwischen den Jugendlichen und den Betreuern in einer solchen Einrichtung nicht vermeiden lässt) auf der Seite derer, die Entscheidungen fällen, Ermahnungen aussprechen und den Generalschlüssel besitzen. Ich war also einerseits Ansprechpartnerin für Alltagsbelange und Probleme, aber andererseits auch Respektsperson, was zweifellos eine gewisse Distanz mit sich brachte.

Es gab jedoch einige Faktoren, die dem entgegenwirkten und die Nähe zu den Jugendlichen eher verstärkte. Ich hatte beispielsweise den Eindruck, dass der relativ geringe Altersunterschied zu den älteren Jugendlichen von Vorteil war, um eine zwanglose Atmosphäre zu schaffen und auch mein Erscheinungsbild in Freizeitkleidung und mein Bemühen, auf Augenhöhe der Jugendlichen aufzutreten, trugen dazu bei, einen engeren Kontakt aufzubauen. Auch meine Reiseerfahrung, aufgrund derer ich einige Regionen kenne, in denen die Jugendlichen sich im Rahmen ihrer Flucht aufgehalten haben, weckte ihr Interesse. Ein weiteres verbindendes Element war die Entscheidung, für den Weg zur Einrichtung öffentliche Verkehrsmittel zu nutzen, denn das gemeinsame Warten auf den (schon wieder knapp verpassten) Bus schuf Momente der Gemeinsamkeit mit den Jugendlichen, in denen sich häufig Gespräche ergaben.

Insgesamt blieb meine Position eine Gratwanderung zwischen dem Ziel, das Vertrauen der Personen um mich herum zu gewinnen und dem Schutz der Jugendlichen wie auch meiner eigenen Person in den Bereichen, die im folgenden Abschnitt ausgeführt werden.

Schutz der Beteiligten und forschungsethische Aspekte

Die Forschung und Arbeit mit den jungen Flüchtlingen erforderte in mancherlei Hinsicht ein besonders sensibles Vorgehen und eine detaillierte Auseinandersetzung mit einigen forschungsethischen Fragestellungen.

Als Forschende sehe ich mich allem anderen voran in der Pflicht sicherzustellen, dass den Jugendlichen durch meine Anwesenheit und Arbeit kein Schaden entsteht (sondern dass sie idealerweise von meiner Arbeit profitieren), dass also beispielsweise keine Informationen veröffentlicht werden, die sich negativ auf ihre Situation auswirken könnten.

Selbstverständlich basierte die gesamte Forschung auf dem Prinzip der Offenheit und Freiwilligkeit: Die Beteiligten wussten von Beginn an, warum ich da bin und was mein Forschungsinteresse ist. Alle in diesem Bericht verarbeiteten Informationen wurden mit informierter Zustimmung der Beteiligten erhoben.[22] Zwar habe ich kein schriftliches Einverständnis eingeholt, mich jedoch wiederholt rückversichert, dass die Jugendlichen mit der Verwendung der von ihnen erhaltenen Informationen (insbesondere im Rahmen eines Interviews) einverstanden sind und dass sie wissen, dass ihnen kein Nachteil entsteht, wenn sie nicht teilnehmen möchten. Dennoch bleibt die Problematik, dass ich einerseits nicht sicher weiß, ob die Jugendlichen immer überblicken, was die Offenlegung bestimmter Informationen für Konsequenzen haben kann, so dass ich mich in der Pflicht sehe, sie gegebenenfalls zu schützen. Dies steht jedoch im Widerspruch zu dem Grundsatz, die Jugendlichen möglichst wenig bevormunden zu wollen und ihnen ein möglichst großes Mitspracherecht zu lassen, welche Informationen sie öffentlich machen und wie sie ihre Situation darstellen wollen (s. hierzu Krulfeld 1998). Dieser Widerspruch ließ sich für mich nicht auflösen, so dass ich immer wieder neu abwägen musste, was zu veröffentlichen oder zu verschweigen ich verantworten kann. In der Regel stand für mich jedoch der Schutz der Jugendlichen (und gelegentlich auch mein eigener Schutz) im Vordergrund. Um sie nicht in Gefahr und mich nicht in die Zwickmühle zu bringen, versuchte ich beispielsweise zu verhindern, Details zu erfahren, die ihren Aufenthalt gefährden könnten und bei denen ich verpflichtet wäre, sie anderen Betreuern oder Behörden weiterzuleiten.

Insgesamt sehe ich keinen Widerspruch darin, als „Feldforscherin" und Sozialpädagogin im Umgang mit der zweifellos deprivierten Gruppe der jungen Flüchtlinge dem forschungsethischen Grundsatz der sachlichen und unverzerrten Darstellung der Sachverhalte Genüge zu tun und gleichzeitig der Aufforderung Mayrings zu folgen, sich der erforschten Gruppe verpflichtet zu fühlen und „zum Anwalt ihrer Probleme [zu] werden". (Mayring 2002, S. 56)

---

[22] Zum Konzept des „informed consent" siehe Fluehr-Lobban 1998.

Zudem ist mir bewusst, dass es sich um Jugendliche handelt, die Traumata erfahren haben und auch wiederholt Verluste hinnehmen mussten. Eine weitere Herausforderung war daher, die Gespräche so zu steuern, dass die Jugendlichen möglichst offen reden konnten, gleichzeitig jedoch keine Emotionen aufkamen, die ich nicht hätte auffangen können. Mir war wichtig, dass alle Beteiligten am Ende des Gesprächs mit gutem Gefühl auseinandergehen konnten.

7. Die Sicht der Jugendlichen – Ergebnisse der Forschung

Im Folgenden werde ich nun die Ergebnisse vorstellen, zu denen ich im Rahmen meines Forschungsvorhabens gekommen bin. Die hier verwendete Gliederung ist sicher nicht die einzig mögliche und bringt vereinzelte Wiederholungen mit sich. Sie basiert jedoch auf den Themen, die die Jugendlichen im Rahmen der Interviews und informellen Gespräche angesprochen haben und sie scheint mir sinnvoll, um ihre Lage und ihre Sicht der Dinge zu verstehen. Zunächst werde ich auf die Voraussetzungen eingehen, die die Jugendlichen bei ihrer Ankunft gewissermaßen im Gepäck haben, ihre Wünsche und Ziele, ihre Vorstellungen und Vorbelastungen. Im Anschluss daran soll ihr aktuelles Leben im Rahmen der Jugendhilfeeinrichtung beschrieben werden und die Strategien, die sie zur Bewältigung der praktischen Anforderungen wie auch der psychosozialen Belastungen entwickelt haben; und zu guter Letzt werde ich unter die Lupe nehmen, welche Rolle die Einrichtung und die Betreuer für die Entwicklung der Jugendlichen spielen.

7.1. Woher, wohin? Ausgangsposition und Zielsetzung

In diesem Kapitel soll es darum gehen, welche Voraussetzungen die Jugendlichen mitbringen, wenn sie in der Einrichtung ankommen. Diese lassen sich in meinen Augen in zwei große Komplexe unterteilen, die man mit „Vergangenheit und Zukunft", oder auch mit „Altlasten, Ressourcen und Ziele" überschreiben könnte: Wie ist die Startposition der Jugendlichen in Deutschland? Welche Themen bringen sie mit, welche Vorbelastungen beeinflussen ihr Leben, welchen Antrieb haben sie, welche Ziele und Zukunftswünsche verfolgen sie?

Die Ankunft

Die Ankunft in Deutschland ist für die Jugendlichen ein sehr ambivalentes Erlebnis: Sie ist das Erreichen des Ziels oder zumindest eines Zwischenziels, von dem sie sich eine Verbesserung ihrer Situation erhoffen, gleichzeitig beschreiben sie aber eine außerordentlich beklemmende und angsteinflößende Situation:

> „Ja, ich hatte Hunger, ich war in so einem Keller, also bei Polizei im Keller, […], keine Ahnung, nee Gefängnis sagt man nicht, das war kein Gefängnis. Aber trotzdem, von zwölf Uhr mittags bis zwei Uhr nachts war ich dort, ich konnte gar nichts verstehen, ich konnte gar nichts sagen, ich konnte – ich kann auch kein english, leider, und ich war ganz allein in einem Zimmer, ich hatte Hunger, ja. […] War schlimm." (IP2: 6-13)[23]

---

[23] Bei allen in dieser Form zitierten Textpassagen handelt es sich um Auszüge aus den von mir erstellten Interviewtranskriptionen mit Zeilenangaben. Eine Auflistung der jugendlichen Interviewpartner befindet sich im Anhang, die vollständigen Transkriptionen sind auf Nachfrage bei der Autorin einsehbar.

Die Beschreibungen der Ankunft machen deutlich, dass die Jugendlichen entweder einem Schlepper anvertraut wurden oder, in den meisten Fällen, auf sich allein gestellt sind. Einige Jugendliche werden von ihren Schleppern direkt vor einer Inobhutnahmeeinrichtung abgesetzt, die meisten kommen jedoch an den Bahnhöfen größerer Städte wie Frankfurt oder Gießen an. Einige sind sich nicht einmal sicher, wirklich Deutschland erreicht zu haben, sie verfügen weder über Ortskenntnis, noch über Geld oder Ansprechpartner. Sie helfen sich, indem sie als „Selbstmelder" Kontakt mit der Polizei aufzunehmen:

> „Ja, ich bin erstmal nach Frankfurt, eh, eh, Hauptbahnhof, dort gekommen, und ich wusste nicht hier ist Deutschland, sondern, weil, habe ich einen Mann gefragt, ob ist – auf englisch, here is Germany? Er sagt ja, here is Germany. Ich war auch viel Hunger, das war ein bisschen, war auch /../ habe ich Durst und Hunger kein Geld, ich hab gefragt, wo ist Polizei, ich muss zur Polizei gehen, und ein Mann mir dann – eine Frau mir dann gesagt, du gehst in Bahnhof, da gibt police station, [...] kannst du dort gehen." (IP1: 43-50)

Andere Jugendliche suchen Landsleute oder kontaktieren Bekannte, die sie um Hilfe bitten und von denen sie zu einer ersten Anlaufstelle, in der Regel der Erstaufnahmeeinrichtung für erwachsene Asylantragsteller oder einem Clearinghaus für UMF begleitet werden:

> „[...] ich habe meinen Onkel angerufen, mein Onkel hat mir gesagt, [...] du fährst mit diesem Zug nach Gießen. Dann du fragst in Gießen, du kannst auch english? Ja, ich kann. Wenn du findest [Nationalität der IP]-Leute, du fragst [...]-Leute, wo ist dieses, dieses Heim. Dieses Lager. Wenn du findest nicht [Nationalität der IP]-Leute, du fragst die deutschen Leute oder Ausländer-Leute mit Englisch. Sie kennen vielleicht diese Lager, sie zeigen dir. Du gehst in das Lager. Er hat mir ein Ticket bezahlt, ich bin mit diesem Zug nach Gießen gefahren, ich hatte, ich hatte Glück, eh, ich hatte in Bahnhof in Gießen drei Leute, drei oder vier [Nationalität der IP]-Leute gefunden, ich habe sie gefragt, wo ist diese Lager. Okay, komm, du bist neu? Ja? Du bist [Nationalität der IP]? Ja. Sprichst du /?/? Ja. Okay, wir nehmen. Dann, sie haben mich genommen in dieses Lager." (IP3: 54-68)

Ab dem Erreichen der Erstaufnahmeeinrichtung wandelt sich die Situation der Jugendlichen in der Regel zum Positiven. Ab diesem Moment greifen auch die Mechanismen der Jugendhilfe und die Jugendlichen berichten einstimmig, dass ihnen nun „gut geholfen" (IP1: 104) wurde. (s. auch Kap. 7.4)

Das Einleben und die Verarbeitung des Vergangenen

Die Erzählungen der Jugendlichen zeigen, dass die ersten Wochen bzw. Monate in Deutschland als die schwersten empfunden werden:

> „Schwierigste Punkt, das war Anfang, war sehr schwer für mich. [...] Weil ich, also, ich war erstmal in N., ich kannte diese Leute gar nicht und ich habe mir gedacht ist für mich hier sehr schwer, was soll ich machen, und ich kann kein Deutsch und kenne keine Leute und was soll ich machen? Und ich war immer in meinem Zimmer, traurig, also, drei Monate, zwei Monate, [...] ja, das war am Anfang, das war sehr schwer,

ja. Irgendwie alleine, ich war alleine da, jetzt – jetzt ist nicht so. /lacht/" (IP1: 180-189)

Dieser schwere Start lässt sich durch mehrere Faktoren begründen. Die meisten der von mir befragten Jugendlichen machen vor allem die anfängliche Isolation, die sich aus der Sprachbarriere ergibt, sowie das Gefühl der Fremdheit in der neuen Umgebung dafür verantwortlich:

> „War komisch. /stottert kurz/ Als ich in N. gekommen bin, ich war der einzige Afghane, […] hab ich gar nicht geredet, mit niemandem. Ich konnte die Leute auch dort nicht verstehen. /../ Und hab ich mich einfach so fremd und einsam gefühlt." (IP2: 127-131)

Auch die übrigen Jugendlichen berichten, dass die Anfangszeit in Deutschland von ähnlichen Erfahrungen geprägt war. Die Jugendlichen selbst beschreiben dieses vage Gefühl der Fremdheit nicht genauer, die Interviews und Berichte lassen jedoch Rückschlüsse auf einige Faktoren zu, die – neben all den Herausforderungen, mit denen jeder Mensch in der Fremde konfrontiert ist – den jungen Flüchtlingen das Einleben besonders erschweren:

- *Das Auftauchen aus der Illegalität und die Schwierigkeit, Vertrauen zu gewinnen*
Fast alle Jugendlichen erreichen Deutschland allein oder mit Hilfe von Schleppern auf illegalen Wegen (vgl. Kap. 2.2) und viele von ihnen haben in verschiedenen europäischen Ländern eine lange Zeit im Status der Illegalität verbracht. Kontakte mit der Polizei und Behörden stellten für sie bisher eine Bedrohung dar und vermittelten ihnen, in Europa beziehungsweise im jeweiligen Aufenthaltsland unerwünscht zu sein, einige sind auf Basis des Dublin-I-Abkommens (vgl. Kap. 4.1) bereits mehrfach quer durch Europa geschickt worden. So beschreibt einer der Jugendlichen, wie eine Fahrkartenkontrolle in einem Schweizer Zug endet:

> „Diese Kontrolle ist zu mir oder zu uns gekommen. Ich bin- bisschen auch Angst, ja, diese Kontrolle. Die Kontrolle hat mich gesehen, hast du Ausweis? Hast du Ticket? Ja. Ich hatte Ticket. Hast du Ausweis? Nein, ich hab kein Ausweis. Okay. Du hast kein Ausweis, okay. Steig aus von diesem Zug. Er hat Police angerufen, Police hat gesagt, hast du Ausweis? Nee, ich hab kein Ausweis. Woher kommst du? Ich komme aus [Herkunftsland der IP]. Okay. Kommst du zu uns, mach fingerprint, […].Sie haben gesagt, du bist in Italia gewesen, egal ob zwanzig Tage, zwanzig Jahre, du hast fingerprint in Italia gemacht, ja, du bleibst ni- in Schweiz nicht. Du musst zurück in Italia. […] Sie haben mit einem Flugzeug nach Italia geschickt." (IP3: 162-177)

Nachdem er in Italien und in der Schweiz bereits erlebt hat, dass ihm vor allem Misstrauen und wenig effektive Hilfe entgegengebracht wurden (vgl. IP3: 8-45), ist davon auszugehen, dass die diversen Behördenkontakte, die auch in Deutschland stattfinden, zur Verunsicherung der Jugendlichen beitragen bzw. das Empfinden, als Krimineller angesehen zu werden, stärken. Ein Beispiel hierfür wären die im vorigen Abschnitt erwähnten Polizeikontakte bei der Ankunft und die Übernachtung auf den Dienststellen, ein weiteres Beispiel nennt der eben zitierte Jugendliche, als er die erkennungsdienstliche Behandlung in Deutschland beschreibt:

> „Ja, ich habe, ehm, ich habe fingerprints gemacht, viele Male, vier Mal oder fünf Mal, dann sie haben meine Fingerabdrücke in die andere Stelle, in Italia, Schweiz [gefunden]." (IP3: 92f.)

• *Die Überwindung von Ängsten und Vorannahmen*

Wenn die Jugendlichen Deutschland erreichen, haben sie häufig keinerlei oder nur eine sehr diffuse Vorstellung von dem Land, das sie erwartet. Ein Junge, der mit circa 16 Jahren von seinem Vater nach Deutschland geschickt wurde, berichtet von den Ängsten, die ihn bei seiner Ankunft beschäftigen:

> „Aber ich habe gedacht, dass ist so Asien Land wie Pakistan oder Afghanistan. […] Und die nehmen Asylantrag und die gehen einfach in Gefängnis und verhaften und feststellen, so viele Probleme und manchmal schlagen auch die Kinder die da." (IP5: 138-144)

In informellen Gesprächen berichten einige muslimische Jugendliche, dass sie zunächst nicht wussten, wie sie in Deutschland als christlichem Land empfangen würden. Zwar haben die Jugendlichen eine vage Vorstellung davon, dass in Deutschland „Freiheit" herrscht (s. nächster Abschnitt), wie diese genau aussieht, können sie sich jedoch oft nicht vorstellen. Besonders zu Beginn, wenn das Vertrauen der Jugendlichen zu den Betreuern noch nicht ausgeprägt ist, sind sie häufig mit ihren Ängsten allein und müssen gegebenenfalls nach und nach selbst herausfinden, welche Schwierigkeiten sie tatsächlich erwarten und welche Sorgen unbegründet sind.

Umgekehrt ist es jedoch auch häufig der Fall, dass die Jugendlichen mit sehr hohen Erwartungen nach Deutschland kommen und die Erfahrung der realen Situation ein bitteres Erwachen ist:

> „Viele von ihnen denken, sie kämen nach Deutschland, würden studieren und Ärzte werden. ‚Die denken dann, sie werden Arzt und in Wirklichkeit bekommen sie vielleicht nichtmal einen Ausbildungsplatz.‘ Außerdem unterschätzen die meisten Jugendlichen, obwohl sie sehr schnell Deutsch lernen, die Sprachbarriere." (Protokoll IP6)

Dieser Bericht eines Betreuers deckt sich mit meiner Erfahrung während des Praktikums. Bei mehreren neu angekommenen Jugendlichen habe ich erlebt, dass sie sehr frustriert und wütend waren, als sie erfuhren, dass der Beginn eines Deutschkurses sich verzögern würde, dass sie erst nach dem Deutschkurs eingeschult werden können und dann in der Regel Schulen besuchen, die sie nicht auf ein Studium, sondern „nur" auf eine Ausbildung vorbereiten.

• *Die physische wie auch psychische Erholung von der erlebten Entbehrung*

Bei einem Großteil der Jugendlichen in der von mir besuchten Einrichtung treten körperliche Beschwerden auf, die man als typische Symptome einer PTBS deuten könnte (vgl. Kap. 5.1), sie berichten von Schlaflosigkeit und häufigen Kopf- oder Bauchschmerzen. Oft lassen sich in den Erzählungen der Jugendlichen sowohl physische als auch psychische Belastungen erkennen, die als Auslöser für die Symptome in Frage kommen könnten. So berichtet beispielsweise ein Jugendlicher:

> „Danach schon in den ersten Tagen und so zwei drei Wochen ich war sehr müde und auch schlaflos und traurig. […] Weil ich habe gar nicht geschlafen in unterwegs. Wir hatten keine /Stimmpunkt?/ um wie viel Uhr mussten wir ehm fahren um wie viel Uhr mussten bleiben irgendwo in unterwegs. Keine /Stimmzeit?/ Deswegen, manchmal während Nacht, manchmal während Tag. Von Afghanistan bis hier." (IP5: 101-107)

Aus seiner weiteren Erzählung ergibt sich jedoch, dass seine Schlaflosigkeit nicht rein auf körperlichen Umstellungsschwierigkeiten basieren kann:

„Und ich war wirklich krank, und ehm, ich vergesse auch das nicht. Ich war sein ein
Jahr gar nichts geschlafen. Gar nicht. Trotzdem ich habe so viele Schlaflosmedika-
mente eingenommen. [...] Ich war, ich war Therapie gemacht bei L. Uni, beim
Psycholog, und in verschiedene Krankenhaus, verschiedene Arzt, Professoren und die
Schlaflos-Fachmann. So. So viele unterstützt. Aber /../ ich war so, ehm stark krank,
also schlaflos." (IP5: 615-621)

Ein weiterer Jugendlicher, dem mehrfach körperliche Gesundheit attestiert wurde
und der über weite Strecken zu Fuß nach Deutschland gekommen ist, berichtet mir
während eines Spaziergangs, dass seine Füße bereits nach kurzen Laufwegen anfan-
gen, zu brennen und zu schmerzen.

Sowohl die Jugendlichen als auch die Betreuer berichten jedoch auch, dass viele
Beschwerden zwar nicht vollständig verschwinden, sich jedoch nach einigen Monaten in der Einrichtung häufig bessern.

- *Die Eingliederung in einen Alltag, der Sicherheit bietet aber auch Anpassung
fordert*

Nicht allen Jugendlichen, aber vielen und vor allem denjenigen, die lange Fluchtwege erlebt haben, fällt das Einleben in das geregelte Leben und das Umfeld der Jugendhilfe schwer. Zwar werden dort die materiellen Grundbedürfnisse zuverlässig
gedeckt und in der Regel werden die Jugendlichen auch freundlich willkommen
geheißen, aber für jemanden, der lange daran gewöhnt war, auf sich gestellt zu sein
und sich selbst zu versorgen, kann die Umstellung auf ein Leben mit fremdbestimm-
tem Tagesablauf und Hausregeln schwer sein. So berichtet einer der Jugendlichen:

„Am Anfang war für mich komisch. Ich war ein freier Mensch. Ich wollte, ich konnte,
ich war so, dass ich überall gehen sollte. [...] Ich war nicht so ein Mensch, der nur im
Zimmer bleiben soll oder um zehn Uhr im Bett schlafen, ja? Das finde- das fand ich
einfach komisch, scheiße, Scheißgefühl, [...]." (IP2: 97-102)

Auch der letzte Schulbesuch ist für diesen Jugendlichen lange her, so dass es ihm
schwerfällt, sich wieder an die Rolle des Schülers zu gewöhnen:

„Ich bin, mit elf Jahre alt, sag ich mal, hab ich mit Schule aufgehört in Afghanistan,
ja? Und da hatte ich fünf Jahre keine Schule gehabt, hatte ich keinen Bock drauf. Und
ich bin hier gekommen, ja, [Name der IP], du musst lernen, diese Uhrzeit musst du
lernen, komm Nachhilfe, dies, das. Hatte ich keinen Bock drauf." (IP2: 170-174)

„Deutschland bietet Möglichkeiten" – Hoffnungen und Ziele

Es hat mich beeindruckt zu sehen, dass die meisten der jungen Flüchtlinge ein Ziel
vor Augen haben und dieses Ziel relativ stringent verfolgen: Die Jugendlichen äußern alle, dass ihnen ihre Zukunft „sehr wichtig" (IP5: 200) sei und dass sie eine
„gute Zukunft" haben wollen. Dies ist für sie ein großer, wenn nicht der größte Mo-
tivator, sich den Herausforderungen, mit denen sie aktuell konfrontiert sind, zu stellen.

Die Vorstellungen der Jugendlichen, was eine „gute Zukunft" sein könnte, sind
zwar nicht vollkommen identisch, ähneln sich jedoch. Die meisten von ihnen verfolgen einen Lebensentwurf, der ihnen vor allem Sicherheit und Eigenständigkeit bie-

tet, weitere Ziele sind ein sicherer Arbeitsplatz, finanzielle Sicherheit, eine Wohnung und Familie. So gibt einer der Jugendlichen als Ziel an,

> „dass ich meine Ausbildung durch habe und für mich selbst arbeite, selbstständig. Ein eigenes Geschäft zu haben. Weil ich alles [Notwendige] kann, ich kann das machen. Das ist mein Ziel. Ein gutes Leben, u n d den Leuten helfen." (IP2: 419-421)

Ein weiterer Jugendlicher sagt, seine Ziele erreicht zu haben,

> „[…] wenn ich bleibe auch, wenn ich finde Arbeit, wenn ich finde Geld, wenn ich verdiene Geld auch, ja, ich muss heiraten auch mit einem Mädchen." (IP5: 408f.)

Viele Jugendliche betonen, dass ihnen vor allem die Fähigkeit, selbst für sich sorgen zu können sehr wichtig sei, und dass sie keinesfalls später Sozialhilfe angewiesen sein wollen. (vgl. IP3: 407, IP2: 297ff.)

Direkt oder indirekt ergibt sich aus den Aussagen der Jugendlichen, dass die meisten ihre Zukunft in Deutschland sehen. Ihnen ist wichtig, hier ein möglichst normales Mitglied der Gesellschaft zu werden, eventuell Familien zu gründen, sich zu integrieren und, wie IP2 es im obigen Zitat formuliert, Leuten zu helfen, sich also zu engagieren. Einigen ist sehr wichtig, nicht als Ausländer in Erscheinung zu treten und sich möglichst gut anzupassen:

> „Und ich habe mich versprochen, muss ich die Sprache gründlich lernen, wie deutsche Leute. Und niemand muss weiß, dass ich bin so ein Ausländer […]" (IP5: 323-325)

Um ihre Ziele zu erreichen, setzen die Jugendlichen große Hoffnung und großes Vertrauen in Deutschland als ihr Aufnahmeland. Sie sind überzeugt, „dass man [in Deutschland] eine Chance bekommt" (IP2: 290) und die nötige Förderung erhält, um sich ein eigenes Leben aufbauen zu können:

> „[…] Deutschland ist sehr gut, zum Beispiel, für Ausländer, so, also, geben Chance für uns, hier kann man, also, lernen und leben, das ist sehr gut." (IP1: 247-249)

Einige meiner Interviewpartner schätzen auch sehr klar das politische System dieses Landes und sehen ein Leben hier als Chance, in Freiheit und Frieden leben zu können:

> „Aber jedes andere Land ist nicht wie Deutschland, ist nicht Freiheit. Ich bin nicht in Freiheit gewesen, in Deutschland, ich bin in Freiheit. Keine Probleme." (IP3: 367f.)

Häufig ist diese Freiheit in Bezug zu Religionsfreiheit gesetzt, sie betrifft aber auch andere Bereiche des Lebens:

> „[…] zum Beispiel, ich, also ein muslimischer Mann, gläubiger, habe ich meine Freiheit hier. Ich kann in die Disko gehen, ich kann in die Moschee gehen, ja? Das finde ich echt toll, das können wir nicht in Iran oder Afghanistan machen. Das ist verboten, aber hier, so eine Freiheit, find ich total gut." (IP2: 263-266)

Bei einigen Jugendlichen bestätigen diese Hoffnungen und Erwartungen sich, aber auch wenn mir gegenüber niemand das Gegenteil offen zugegeben hat, glaube ich, im Alltag Anzeichen dafür gefunden zu haben, dass dies bei weitem nicht bei allen Jugendlichen der Fall ist. Vor allem in Bezug auf die Schulbildung, die in den Augen fast aller Jugendlicher ein Garant für ein erfolgreiches Leben ist (vgl. Kap. 7.2), kommt es zu Verzögerungen, Einschränkungen und Kompromissen, die sie sehr frustrieren. Solche Gefühle wurden zwar in den Interviews nie explizit erwähnt (möglicherweise aus dem Gefühl heraus, zu Dankbarkeit verpflichtet zu sein, s. Kap. 6.4 und 7.2), sie werden jedoch in Diskussionen mit den Betreuern oder Jugendamtsmitarbeitern gelegentlich geäußert bzw. werden in Form von spontanen Gefühlsausbrüchen deutlich.

Exkurs: Parallelen zum Modell des Kulturschocks

Die letzten beiden Abschnitte zeigen, dass die Phase der Ankunft und des Einlebens mit sehr gemischten Emotionen und Erfahrungen einhergeht. Hoffnungen und Ängste, Chancen und enttäuschte Erwartungen kommen in einer relativ kurzen Zeitspanne zusammen und wollen verarbeitet werden.

Zwar sind die Probleme und Hoffnungen der Jugendlichen unterschiedlicher Natur und manche gewöhnen sich schneller ein als andere (oder passen sich zumindest äußerlich schneller und besser an), insgesamt hatte ich an dieser Stelle der Auswertung jedoch den Eindruck, dass das sich abzeichnende emotionale Muster stark an ein Modell des Kulturschocks erinnert, welches im Rahmen der Forschung zur interkulturellen Kommunikation häufig verwendet wird.

Nach dem Anthropologen Kalervo Oberg lässt sich der Kulturschock, der unweigerlich eintritt, wenn ein Mensch sich plötzlich über längere Zeit in einer fremden Kultur zurechtfinden muss, in einer U-förmigen Kurve darstellen (vgl. Kron/ Faber 1973, S. 507; vgl. Abb. 6).

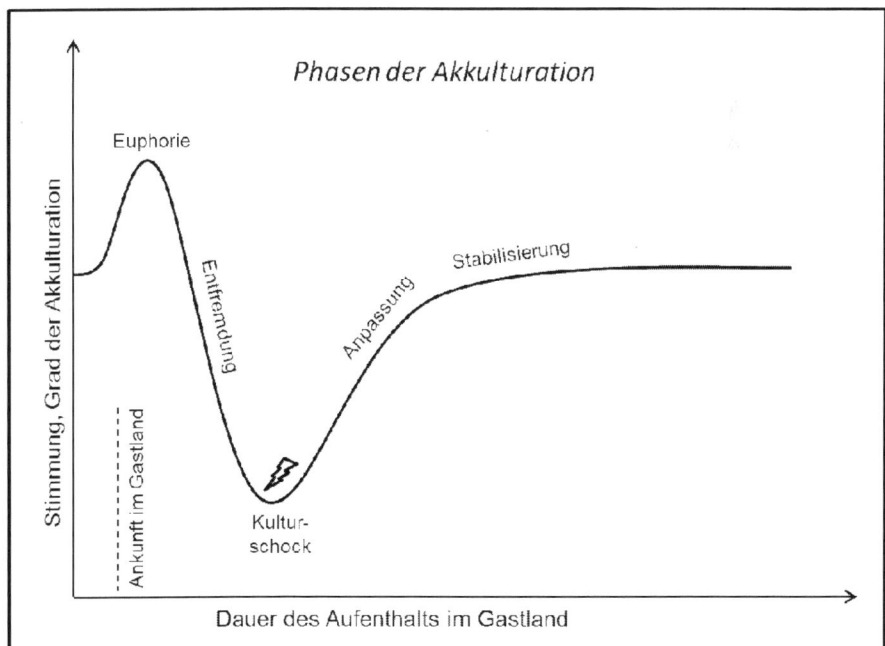

Abb. 6: Kulturschock nach Oberg

Die in diesem Modell vorkommenden Phasen lassen sich meines Erachtens gut in den Erzählungen der Jugendlichen wiederfinden[24]: Die erste Phase der *Euphorie* wäre im Kontext der Untersuchung eher als „Phase der hohen Erwartungen" zu bezeichnen, die Vorfreude auf die Möglichkeiten und Chancen, die die Jugendlichen in Deutschland erwarten. In der zweiten Phase, dem *Kulturschock,* erleben sie, dass zunächst vor allem Hindernisse zu überwinden sind, sie erleben die Sprachbarriere, die Erfahrung des Fremdseins und müssen feststellen, dass ihre Entwürfe von einer schnellen Selbstständigkeit, guten Jobs etc. deutlich langsamer und schwieriger zu verwirklichen sind als erwartet. In der dritten Phase der *Anpassung* ergibt sich nach und nach der neue Alltag der Jugendlichen, sie schließen ihre Deutschkurse ab, leben sich in die Gemeinschaft der Wohngruppe ein, werden eingeschult und entwickeln neue Zukunftsmodelle. Sie lernen die deutsche Sprache und Kultur so weit kennen, dass sie sich selbstständiger bewegen und verständigen können. Die letzte Phase der *Stabilisierung* geht mit einer Akzeptanz des Lebens in Deutschland einher, die Jugendlichen bemühen sich, ihre neuen Lebensentwürfe zu realisieren. Eine detaillierte Beschreibung dieser Lebensphase der Jugendlichen findet im folgenden Kapitel statt.

7.2. Die psychosoziale Situation der Jugendlichen im Hier und Jetzt

Das „Hier und Jetzt" meint das Stadium, in dem die überwiegende Zahl der Jugendlichen in der Einrichtung sich zur Zeit meiner Beobachtungen befindet. Sie haben die Clearingphase hinter sich und leben bereits ausreichend lang in der Einrichtung, um einen Alltag entwickelt zu haben, an den sie sich nach und nach gewöhnen.
In diesem Kapitel soll es um die psychosoziale Situation der Jugendlichen in eben diesem Alltag gehen. Welche Bedürfnisse haben sie, mit welchen Anforderungen sind sie konfrontiert und wie unterscheiden diese sich von den Bedürfnissen Jugendlicher, die nicht den Erfahrungshintergrund der Flucht haben?

Der Wunsch nach Sicherheit ...

Dieser Aspekt berührt einen zentralen Punkt meiner Recherche und die Frage, die mich zu diesem Buch bewegte: Die Frage nach dem Umgang der Jugendlichen mit Regeln und festen Strukturen.

Meine These war, dass die Jugendlichen vorhandene Regeln im Großen und Ganzen akzeptieren (was sich auch bestätigt hat), allerdings vermutete ich, dass sie dies vor allem aus äußeren Zwängen heraus tun und eine enge Kontrolle eigentlich ablehnen. Im letzten Kapitel wurde deutlich, dass es einigen Jugendlichen zunächst tatsächlich schwerfällt, sich in die vorgefundenen Regelsysteme einzufügen. Entge-

---

[24] Für eine Beschreibung der Phasen nach Oberg s. Broszinski-Schwabe 2011, S. 212f.

gen meiner Vorannahme bewerten sie diese jedoch bereits nach kurzer Zeit positiv.[25]
So äußert einer der jungen Männer in Bezug auf die Hausregeln:

> „Aber am Anfang fand ich nicht so schön. Aber jetzt finde ich, das war, das war okay,
> das war gut. Das musste auch so sein." (IP2: 209-211)

Die Akzeptanz der Regeln hängt damit zusammen, dass viele sie als willkommene Hilfe sehen, sich in ihrem neuen, deutschen Alltag zurechtzufinden:

> „[…] wie soll ich eigentlich in Deutschland leben, wie soll ich einkaufen gehen, wie
> soll ich schlafen, wie, wann soll ich eigentlich schlafen, wie soll ich in die Schule ge-
> hen? Und wie soll ich lernen." (IP2: 117-119)

Die Antwort auf solche Fragen, so sagte der junge Mann mir in einem informellen Gespräch nach dem Interview, könne man zwar auch einfach erklären, am besten würde man sie jedoch durch *learning by doing* verinnerlichen. Und dazu seien die Regeln notwendig. Sie erfüllen also eine Funktion als Halt und Orientierungssystem in einer fremden Umgebung und einer Situation, die in vielerlei anderer Hinsicht Unklarheit beinhaltet, beispielsweise in Bezug auf Bleiberecht und Zukunftsperspektiven.

Als größter Gegenspieler des Sicherheitsbedürfnisses ist zweifellos das Asylverfahren zu nennen, soweit dieses noch nicht mit einem klaren positiven Ergebnis abgeschlossen ist. Einer der Jugendlichen beschreibt die damit verbundenen Ängste sehr deutlich:

> „Also für Jugendliche ist wichtig, dass, ehm, /../ die haben jetzt alle Angst, wegen
> Asyl und so, weil die denken, vielleicht sie schicken uns wieder zurück und – jeder ist
> traurig. Jeder. Also nach den sechs Monaten oder einem Jahr, die denken immer, die
> können einfach nicht gut schlafen, weil die denken immer irgendwie über ihr Asyl
> und so. Jeder ist so, ich war auch so. Also, in einem Jahr habe ich, also, Duldung hatte
> ich, und dann, immer die sechs Monate oder so, habe ich Angst gehabt, vielleicht die-
> sem Monat fertig, ich kann nicht wieder zurück nach Afghanistan, also. Die Leute
> wollen, also, schnell, also, das Papier, richtige Papier kriegen von Deutschland, also
> Reisepass oder Aufenthaltserlaubnis. So. Sowas, das ist wichtig für die Jugendlichen.
> […] Das ist das Wichtigste für uns, jeder braucht sowas." (IP1: 276-293)

Ist der Aufenthaltsstatus nicht geklärt oder zeichnet sich ein negativer Ausgang ab, ist dies für die Jugendlichen extrem belastend und zermürbend. Sie durchleben lange Wartezeiten, in denen sie unter der Ungewissheit leiden und sich selbst enorme Leistungen abverlangen, um eventuell mit dem Nachweis besonders gelungener Integration doch bleiben zu dürfen (s. Thema Leistungsdruck in diesem Kap).

---

[25] Wann genau das Umdenken der Jugendlichen stattfand, lässt sich aus meinen Daten nicht ersehen, zum Zeitpunkt der Befragung befinden sie sich allerdings zwischen anderthalb und drei Jahren in Deutschland.

... materieller und emotionaler Fürsorge ...

Die Jugendlichen suchen jedoch nicht nur Orientierung und eine Absicherung der Zukunft, sondern ihre Kommentare lassen meines Erachtens auch ein großes Bedürfnis nach Geborgenheit erkennen. Dieses ist zunächst auf einer sehr grundlegenden, materiellen Ebene zu verstehen. Vor dem Hintergrund ihrer Erfahrungen äußern einige Jugendliche sich explizit und wertschätzend darüber, dass in der Jugendhilfeeinrichtung alle ihre Grundbedürfnisse gesichert sind:

> „Ja, KD, mein Leben hier in Deutschland ist gut, ich sage immer, Gott sei Dank. […] Ich hatte Zimmer alleine. Ich hatte Geld für Essen. Ich hatte Geld für Internet oder für Telefon. Ich hatte alles. Ich hatte Kleidung, ich hatte Geld für Kleidung. Wenn ich wollte ein Kleidung, ich muss kaufen, oder ich sollte kaufen. Das ist gut." (IP3: 291-300; Anm.: Trotz Verwendung der Vergangenheitsform berichtet die IP von ihrer gegenwärtigen Situation.)

Die Jugendlichen erkennen jedoch auch die Fürsorge an, die über die direkte Versorgung ihrer primären Bedürfnisse hinausgeht. Sie erkennen, dass eine Bemühung existiert, sie nicht nur zu versorgen, sondern auch zu fördern und sich um ihr Wohlergehen zu bemühen:

> „Und ich bin sicher, ich habe hier eine gute Zukunft, weil zum Beispiel, ich habe hier Versicherungskarte, das ist mir sehr wichtig. […] Jeden Monat ich kriege hier Taschengeld. […] Also /../ Wir haben gute Essen hier. Zum Frühstück, zum Mittagessen, Abendessen, Obst und so. Das sind sehr wichtige Sachen im Leben, man muss das merken. […] Also /../ ehm, ich fahre jede Sekunde mit Bus, also, wir haben ehm /../ Fahrkarte das ist sehr wichtig für Schule. […] Die haben alle von uns so ausgestaehm, ausgerüstet und so. Zum Beispiel Schulmaterial. Also ich war sicher, dass wir gehen in dreizehnten in die Schule. Und zwei Tage [vorher] so freitags ich habe so viele Schulmaterial bekommen." (IP5: 343-357)

Im Vergleich zu den Erfahrungen, die ich in Einrichtungen sammeln konnte, in denen Kinder und Jugendliche ohne einen vergleichbaren Erfahrungshintergrund leben, erscheint mir diese Erkenntnis und Anerkennung außergewöhnlich. Selbstverständlich kann es im Alltag dennoch zu Auseinandersetzungen in Bezug auf die Qualität des Essens, die Ausstattung mit bestimmten Materialen etc. kommen, insgesamt stimmen die zitierten Aussagen jedoch mit meiner Beobachtung überein, dass die Jugendlichen ihre Wertschätzung über weite Strecken auch im Alltag zeigen, indem sie sich beispielsweise sehr häufig bedanken, den Betreuern bei Tätigkeiten wie dem Einkaufen oder Kochen Hilfe anbieten, meist höflich und zuvorkommend sind etc.

Dass die Zuwendung der Betreuer für die Jugendlichen wichtig ist, zeigt sich auch darin, dass sie deren Nähe im Alltag immer wieder suchen. Ich habe häufig erlebt, dass Jugendliche ohne konkreten Anlass im Büro hereinschauten oder sich zu den Betreuern gesellten, um sich mit ihnen zu unterhalten oder ihnen etwas zu erzählen. Zudem stärkt meines Erachtens eine weitere Beobachtung den Eindruck, dass die Jugendlichen die Zuwendung der Betreuer suchen: Eine der Betreuerinnen erwähnte mir gegenüber, dass sie bei den Jugendlichen im Verlauf ihres Aufenthalts in der Einrichtung gelegentlich Rückschritte in der Selbstständigkeit und Organisationsfähigkeit beobachte. (vgl. Protokoll IP6) Für diese Regression kann es verschiedene Gründe geben, eine Interpretationsmöglichkeit dieses Verhaltens wäre jedoch, dass die Jugendlichen auf diese Weise unbewusst Fürsorge einfordern und die Möglichkeit, unter der Obhut der Betreuer noch einmal Kind sein zu dürfen.

... und Zugehörigkeit

Ein weiterer Aspekt des Bedarfs der Jugendlichen nach Geborgenheit ist der Wunsch nach einer Gemeinschaft und der Zugehörigkeit zu einer Gruppe. Viele vermissen ihre Familien sehr schmerzlich:

> „Jede Sekunde! Jede Sekunde ich vermisse meine- ich habe nie vergessen für eine Stunde meine Familie. Ich habe immer /../ vermisst meine Familie und- immer." (IP5: 629-631)

Obwohl einige der Jugendlichen Onkel, Tanten oder andere, weitläufigere Verwandte in der Umgebung haben, zeigen ihre Äußerungen, dass diese den engeren Familienverband nicht ersetzen können. So machen fast alle Befragten im Verlauf der Interviews direkt oder indirekt deutlich, wie eng ihre Bindung an ihre Mitbewohner und die Betreuer ist und wie sehr sie die Gruppe als Rückhalt und Familienersatz ansehen und brauchen. Einer der Jugendlichen macht dies deutlich, als er vom gemeinsamen Mittagessen berichtet:

> „Wir essen auch Dreiviertelstunde. Ich esse auch fünf Minuten, fertig, aber da sitzen. Die Regel ist, wir sind ein parent, eine Familie, zusammen. [...] Wenn alle Betreuer und alle Leute fertig mit Essen, wir stehen auch auf. Das finde ich auch gut, weißt du. Wir sind eine Familie, egal welches Land, aus welchem Land wir sind hergekommen, aber wir sind jetzt eine Familie. Wegen diesem auch, ich finde Regel gut mit Essen. Wie auch eine Familie, die Eltern auch. Als ich war in [Heimatland der IP] auch, wir essen zusammen." (IP5:263-270)

Mein Eindruck ist, dass die meisten Jugendlichen den Anschluss innerhalb der Wohngruppe aktiv suchen und sich gegenseitig in der Bewältigung ihres Alltags unterstützen. Ein junger Mann, der bereits aus der Wohngruppe ausgezogen ist und in einer eigenen Wohnung wohnt, berichtet sogar, dass er lieber dort geblieben wäre:

> „Also, ich wollte dort auch noch weiter wohnen, [...]. Eigentlich das dort hat mir auch gut gefallen. Ich war immer bei Jugendliche und so." (IP1: 372-375)

Die Jugendlichen schaffen sich gewissermaßen eine Ersatzfamilie, indem sie sich untereinander unterstützen und „aufeinander aufpassen" (Protokoll IP6), zudem habe ich erlebt, dass die Jugendlichen sich mir gegenseitig scherzhaft als „Brüder" oder „Schwestern" vorstellten. Besonders unter den Mädchen in der Wohngruppe habe ich einen sehr engen Zusammenhalt erlebt. Sehr häufig trafen sie sich im Zimmer der Ältesten, flochten sich gegenseitig Frisuren oder kochten gemeinsam, wobei die Älteren ihre Fähigkeiten an die Jüngeren weitergaben.

Eine besondere Rolle spielen dabei die Mitbewohner der eigenen Nationalität. Obwohl die Jugendlichen häufig angeben, dass sie sich auch gut vorstellen könnten, in Gruppen mit ausschließlich deutschen Mitbewohnern zu leben (vgl. hierzu Kap.

7.2), war mein Eindruck, dass die Jugendlichen zwar mit allen Mitbewohnern respektvoll umgehen, zu denjenigen mit der gleichen Nationalität jedoch häufig ein besonders enges Verhältnis pflegen. Als Grund hierfür vermute ich unter anderem das Bedürfnis nach Zusammengehörigkeit, dem innerhalb einer solchen Gruppe aufgrund einer gemeinsamen Muttersprache, Religion oder bestimmter kultureller Eigenschaften Rechnung getragen wird (s. auch Kap.7.4).

Nicht alle Jugendlichen suchen jedoch innerhalb der Wohngruppe Halt und Anschluss. Eine weitere Möglichkeit, die in Anspruch genommen wird, ist der Anschluss an Glaubensgemeinschaften oder Kulturvereine der Herkunftsgesellschaft, die vor Ort existieren. Meiner Beobachtung nach machen in der von mir besuchten Einrichtung jedoch nur wenige Jugendliche von dieser Möglichkeit Gebrauch. (Diese Beobachtung wäre jedoch zu überprüfen, da ich dieser Fragestellung nicht gezielt nachgegangen bin und nur über wenig Datenmaterial verfüge.)

Die Schwierigkeit des „Andersseins"

Die Frage „Wie soll ich eigentlich in Deutschland leben?" (IP2:117) begleitet die Jugendlichen über einen langen Zeitraum. Die jungen Flüchtlinge, die nun in Deutschland leben, haben in vielerlei Hinsicht einen anderen Hintergrund als ihre deutschen Altersgenossen. Sie sind in anderen Kulturen herangewachsen und sozialisiert und stehen nun vor der Herausforderung, sich in eine ihnen völlig fremde Kultur zu integrieren, in ein „Leben, das wir nie gesehen haben" (vgl. IP5: 247). In allen Lebensbereichen müssen die Jugendlichen Dinge neu lernen:

> „[…] wie sollen wir in Gesellschaft mit andere Leute umgehen und Erziehung und alles. Bis wie sollen wir essen und so. Manche essen mit Löffel und so besser. Ja? Aber manche essen mit Hand. Weil die Asien, die Asienleute wissen gar nicht und so die essen." (IP5: 246-251)

Einer der Jugendlichen betont mir gegenüber wiederholt, wie schwer es für ihn sei, vom Einkaufen über das Busfahren und einfache Verhaltensregeln alles neu lernen zu müssen. (Protokoll vom 15.08.12)

Eine der zentralen Herausforderungen in diesem Anpassungsprozess ist die deutsche Sprache, die den Flüchtlingen ermöglicht, mit anderen in Kontakt zu treten. Sie ist damit auch eine wichtige Grundlage, um sich aus der Isolation zu befreien, über die sie zu Beginn klagen. Der Prozess des Sprachenlernens geht jedoch langsamer vor sich, als die Jugendlichen sich das wünschen und führt daher zu viel Frustration.

> „[…] manchmal ich versteh nicht die Sprache. […] Manchmal ich versteh nicht mit die Leute, aber dann werde ich traurig, und dann es nervt mich so viel." (IP5: 417-420)

Selbst wenn sie sich – wie die Jugendlichen immer wieder beteuern – bemühen, sich möglichst gut zu integrieren und die deutsche Sprache und Gewohnheiten schnell zu lernen, müssen sie erkennen, dass die Fremdheit sich nicht vollkommen aufheben lässt. Denn bereits der optische Eindruck kennzeichnet sie in der gegenwärtigen deutschen Gesellschaft und besonders in der ländlichen Gegend, in der sie leben, als „Fremde" und lässt sie auffallen. Die Bemerkung eines Jugendlichen, er habe erst in

Deutschland begriffen, dass seine Haut dunkel sei (Protokoll vom 15.08.12) zeigt, dass dies erst im Zuge seiner Migration als optischer Beweis seines „Andersseins" relevant wird.

Neben der anderen Sozialisation in ihrer Herkunftsregion und der äußerlichen Unterscheidung von der Mehrheit der Deutschen spielen auch die Erfahrungen, die sie vor und während der Flucht gemacht haben, eine Rolle. Durch ihre Biographie haben sie viele Dinge erfahren, die für die meisten deutschen Altersgenossen vermutlich nicht vorstellbar sind und die daher als Barriere zwischen diesen und den jungen Flüchtlingen stehen. Entsprechend berichtet einer meiner Gesprächspartner, „es sei schwer, Kontakt zu deutschen Jugendlichen zu bekommen, denn ‚sie verstehen nicht meine Probleme', […], sie kennen nicht mein Leben, sie kennen nicht [Herkunftsland der IP]'." (Protokoll vom 15.08.12)

Es gibt jedoch noch eine weitere Form des „Andersseins" und es liegt in der der Natur der Sache, dass die Jugendlichen selbst sie nicht thematisieren. Die Grundproblematik der sogenannten Doppelidentitäten wurde im Kapitel 5.1 bereits beschrieben und ihre Existenz bestätigte sich im Rahmen meiner Forschung. Das Aufrechterhalten einer fiktiven, schützenden Identität oder die Geheimhaltung bestimmter Ausschnitte ihrer Biographie führt dazu, dass die Jugendlichen sich nur begrenzt öffnen können, sich gegebenenfalls dauerhaft verstellen und immer darauf bedacht sein müssen, sich nicht zu verraten. Ein Fallbeispiel macht deutlich, wie belastend diese Situation sein kann:

Mit einem der Jugendlichen in der Einrichtung ergab sich bereits nach wenigen Tagen ein engerer Kontakt. Er hatte erfahren, dass ich in der Vergangenheit in Flüchtlingslagern gearbeitet hatte und mit den Lebensbedingungen von Flüchtlingen in verschiedenen Regionen Afrikas vertraut bin. Er stellte wiederholt Fragen zu meiner Erfahrung, die in mir den Eindruck weckten, er wolle testen, wie weit mein Verständnis für sein Leben unter extrem schwierigen Bedingungen reicht. Zudem setzte er immer wieder an, etwas zu erzählen und unterbrach sich dann unter dem Vorwand der Sprachprobleme oder dass er noch etwas zu erledigen habe. Es war deutlich, dass er das Bedürfnis hatte, mir etwas mitzuteilen, jedoch immer wieder zögerte, es auszusprechen. Als ich ihn eines Tages etwas fragte, das seine Vergangenheit betraf, reagierte er sehr brüsk und sagte, er wolle nicht, dass die Betreuer alles über ihn und seine Vergangenheit wissen (Protokoll vom 03.08.12). Danach verhielt er sich sehr zurückhaltend und es dauerte mehrere Tage, bis das Verhältnis zwischen uns sich wieder normalisiert hatte.

Es ist ein offenes Geheimnis, dass manche Flüchtlinge sich im Rahmen einer fiktiven Identität auch ein neues Geburtsdatum zulegen und sich damit einige Jahre jünger machen, um noch als minderjährig zu gelten. Auch dies führt im Alltag zu Problemen, da die Jugendlichen sich ihrem fiktiven Alter gemäß benehmen und den altersentsprechenden Regeln (bspw. Ausgangszeiten) unterordnen müssen. Ein Gesprächspartner berichtet,

„[…] dass viele Jugendliche nicht ihre wahre Identität preisgeben, „das merkt man natürlich schon". Sie sieht vor allem ein Problem im Alter, darin, dass es vorkommen

kann, dass Jugendliche genauso alt sind wie manche Betreuer, auch wenn sie offiziell
erst 14 sind. Diese Jugendlichen bzw. jungen Erwachsenen sehen sich damit konfrontiert, wie Kinder behandelt zu werden, was nach Aussage der IP in den meisten Fällen
„überraschend gut" klappt, für einzelne sei es allerdings doch schwierig und „voll der
Kampf", sich in diese Rolle zu fügen." (Protokoll vom 30.08.12)
Die beschriebenen Problematiken führen dazu, dass die Jugendlichen häufig unter
sich bleiben und zumindest emotional isoliert von ihrer deutschen Umwelt leben.
Einer meiner Gesprächspartner bestätigt dies:

> „Ja, man ist einsam, man ist fremd hier, man fühlt sich alleine, […]." (IP2: 283)

Anforderungen und Leistungsdruck

Die Jugendlichen stehen von mehreren Seiten unter dem Druck, Leistungen zu erbringen und erfolgreich zu sein.

Zunächst einmal ist die eigene Erwartungshaltung hoch: Die jungen Flüchtlinge
erschienen mir sehr ehrgeizig, die Chancen, die ihnen der Aufenthalt in Deutschland
bietet zu nutzen und sich eine gute Zukunft zu sichern. Einer der Jugendlichen be-
zieht sich zwar auf die berufliche Karriere, als er sagt, „[j]eder junge Mann muss
hier etwas werden" (IP5: 651f.), aber wie in Kap. 7.3 ausgeführt wird, ist beruflicher
Erfolg und Erfolg im Leben für die Jugendlichen so eng verknüpft, so dass diese
Aussage fast die Qualität eines Leitbildes zu haben scheint, an dem sie sich orientieren.

Viele von ihnen scheinen ein starkes Bedürfnis danach zu haben, unabhängig zu
sein, ihren Lebensunterhalt selbst zu verdienen und selbstständig zu leben. Die Jugendlichen betonen immer wieder, nicht auf Sozialhilfe angewiesen sein zu wollen:

> „Ich warte nicht auf Sozialhilfe oder Arbeitsamt." (IP3: 384f.)

Vor allem die jungen Männer machen deutlich, dass das Leben auf fremde Kosten
für sie nicht mit der Rolle eines gesunden, erwachsenen Mannes vereinbar ist:

> „Entweder muss man arbeiten, wenn man krank ist, wenn man keine Arbeit findet,
> wenn man so eine, sag ich mal, behindert ist, dann kann man vom Sozialamt Hilfe
> nehmen, ja?" (IP2: 300-302)

Entsprechend belastend scheint für sie die Situation zu sein, in der sie sich befinden.
Zum einen widerspricht es, wie in dem obigen Zitat angedeutet, ihrem Rollenbild,
als gesunde junge Männer nicht selbstständig für sich sorgen zu können, zum anderen empfinden sie ihren Unterstützern gegenüber nicht nur Dankbarkeit, sondern ich
glaube auch, ein Schuldgefühl in den Aussagen der Jugendlichen zu erkennen. Ein
Jugendlicher sagt mir gegenüber,

> „er müsse schnell lernen, […] um möglichst schnell eigenständig und unabhängig zu
> sein. Es schien ihm dabei besonders darum zu gehen, nicht von seinen Eltern, sondern
> von fremden Menschen abhängig zu sein." (Protokoll vom 03.08.12)

Auch ein anderer Jugendlicher kommt während des Interviews immer wieder auf das
Thema Fremdfinanzierung zurück:

„Ich [werde] unterstützt von Regierung von Deutschland. Ich weiß, das kostet hier, was ich esse hier oder die Kleidung, die Mietung, von Miete von eine Wohnung." (IP5: 335f.)

Wenig später fügt er hinzu, die Betreuer würden sehr hart für sie, die Jugendlichen, arbeiten (vgl. IP5: 343), an anderer Stelle betont er, dass sie genauso gut unterstützt würden, wie deutsche Jugendliche, dass für ihre Versorgung und Ausbildung „so viele Geld" (IP5: 407) ausgegeben würde und er bedankt sich während des Interviews mehrfach für die Unterstützung, die er erhält:

„Und ich /../ bedanke mich bei deutsche Regierung und die deutsche Leute. Die bezahlen die Steuern. Die Leute. […] Von diese Steuergeld, wir unterstützt heute." (IP5: 579f.)

Aus diesem Wissen von fremder Hilfe und Finanzierung abhängig zu sein, erwächst für die befragten Jugendlichen der Druck, eine Gegenleistung zu erbringen. Sie betrachten es also nicht nur für sich selber, sondern auch gegenüber ihren Wohltätern – als deren Repräsentanten der deutsche Staat, die deutsche Bevölkerung oder auch die Betreuer und das Jugendamt betrachtet werden – als ihre Pflicht, die gebotenen Ressourcen möglichst effektiv zu nutzen. So stellt einer der Jugendlichen den Anspruch an sich:

„Ungefähr fünfhundert oder sechshundert [Euro] ich habe, mein Betreuer hat mir gegen, ich habe in meine Hand einfach gelegt und Anmeldung gegeben. Hat gesagt, guck [Name der IP], wir bezahlen für dich. Du kommst nicht hier von /…?/ Und ich habe gesagt, ok, muss ich gegen das Geld etwas lernen. […] Ich habe überlegt, muss ich auch von Kurs etwas mitbringen zu Hause." (IP5: 278-283)

Ein zweiter erklärt mir ebenfalls:

„Aber, vielleicht, wenn ich bleibe in diesem Deutschland, ich muss noch lernen erstmal. Ohne lernen ich kann nicht bleiben in Deutschland." (IP3: 397-399)

In mehreren Fällen trägt auch das Asylverfahren zu dem Druck bei, schnell lernen zu müssen und am besten ein Vorzeigeschüler zu sein. Wenn der Aufenthalt der Jugendlichen in Deutschland gefährdet ist, hoffen sie, die Entscheidung der Behörden durch mustergültiges Verhalten positiv zu beeinflussen:

„Die haben gesagt, okay, du musst bleiben zwei Jahre in Deutschland, zwei Jahre, aber du musst auch Geduld haben. Zwei Jahre ist viel, ja? […] Du lernst noch mehr Deutsch. Du sprichst mit deutsche Leute gut deutsch. […] Wenn du bleibst in Deutschland ohne Fehler zwei Jahre, ohne Strafe mit /Zug?/, ohne Strafe mit Kämpfen, ohne /?/ mit anderen. Du lernst gut, deine Lehrerin schreibt dir auch ein gut /?/, schreibt er lernt gut, er lernt weiter, er will auch, du schreibst. Alle diese Dokumente wir bringen, ich oder andere mit Rechtsanwalt bringen wir zum Gericht. Ich sage, dann das Gericht akzeptieren, okay du bleibst. Nächstes Jahr, du findest, wenn du machst Hauptschulabschluss, du suchst auch eine Ausbildung. Wenn du findest. Dann, wenn du findest Ausbildung auch, du bleibst in Deutschland vielleicht." (IP3:125-138)

Ein Punkt, der nur von einem Jugendlichen und auch nur am Rande angesprochen wird, sind weiterhin die Verpflichtungen, die gegebenenfalls im Herkunftsland oder anderen Personen gegenüber bestehen. Neben der moralischen Verpflichtung gegenüber der zurückgebliebenen Familie, erfolgreich zu sein und eventuell eines Tages die Zurückgebliebenen unterstützen zu können, berichten die Betreuer, dass in einigen Fällen auch finanzielle Verpflichtungen gegenüber den Schleppern existieren, die die Jugendlichen nach Deutschland gebracht haben und dass diese zum Teil sehr rabiat die Rückzahlung der Schulden einfordern.

Es ist zu bedenken, dass neben diesen Anforderungen und Druckfaktoren auch die Anpassungsleistung an die hiesige Gesellschaft erbracht und die Vergangenheit verarbeitet werden muss und dass die Jugendlichen sich zudem in einer Entwicklungsphase befinden, in der die Persönlichkeit noch nicht ausgereift ist, sondern gerade erst entwickelt wird (vgl. Kap. 5.1). Nimmt man all diese Entwicklungs- und Anpassungsanforderungen sowie den Leistungsdruck von außen zusammen, wird deutlich, mit welch massiver Belastung die Jugendlichen fertig werden müssen.
So sagt einer der Jugendlichen selbst:
„Ich habe gedacht, ne muss ich so viel arbeiten." (IP5: 171)

7.3. Bewältigungsstrategien der Jugendlichen

Obwohl die Jugendlichen massiven Belastungen ausgesetzt und ohne Zweifel auf Unterstützung angewiesen sind, sind sie doch nicht hilflos. Während meines Praktikums konnte ich feststellen, dass sie sehr klare Strategien verfolgen, um ihrem Ziel der „guten Zukunft" (in den meisten Fällen also einem sicheren und selbstständigen Leben in Deutschland) näherzukommen. Sie haben konkrete Handlungspläne und sind sehr entschlossen, diese auch zu verwirklichen. Wie diese Pläne aussehen und wie die Jugendlichen es schaffen, trotz der Widerstände im Alltag nicht die Motivation zu verlieren, wird im Folgenden dargestellt.

Der Weg zum Ziel: „Du lernst, arbeitest, fertig"

Die Jugendlichen haben eine sehr genaue Vorstellung davon, wie sie ihr Ziel, das „gute Leben", erreichen wollen. Etwas vereinfacht lautet die Strategie folgendermaßen: Ein gutes Leben ist ein Leben in Sicherheit, mit Einkommen, Familie und eigenem Wohnraum. Für ein solches Leben braucht man einen guten und sicheren Job, einen guten Job bekommt man, wenn man eine gute Ausbildungsstelle hat, eine gute Ausbildungsstelle setzt schulischen Erfolg voraus und um schulischen Erfolg zu haben, ist zunächst das Beherrschen der deutschen Sprache notwendig. Diese Kausalkette, veranschaulicht in Abb. 7, scheint in den Köpfen der Jugendlichen fest verankert zu sein. Zwar wird dieses Schema den Jugendlichen, zumindest im Hinblick auf die ökonomische Verselbstständigung, von den Jugendhilfe-Trägern in groben Zügen vorgegeben. Jedoch ist auffällig, wie gut es ihren Bedürfnissen zu entsprechen scheint, denn sie verinnerlichen es innerhalb kürzester Zeit und machen es zu ihrem eigenen Ziel, das sie aus intrinsischer Motivation heraus verfolgen.

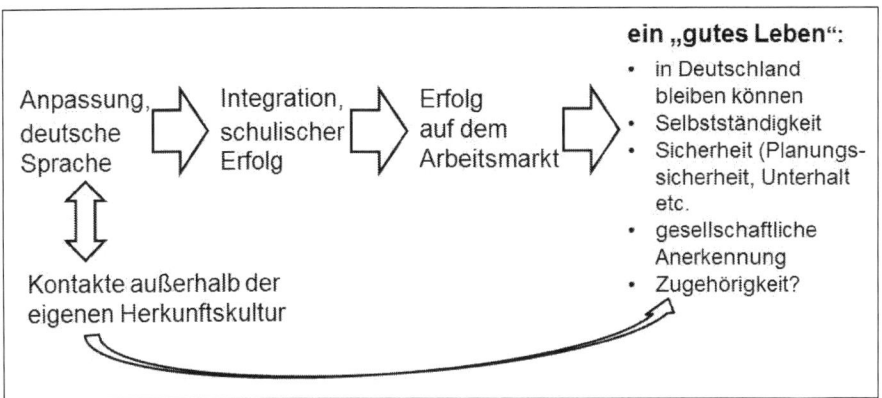

Abb. 7: Erfolgsstrategien der UMF

Sie alle beschreiben ihre Pläne ähnlich wie der folgende junge Mann:

> „[…] wenn ich lerne in diesem BVJ, ich kann Hauptschulabschluss, suche auch gute Berufsausbildung, das langt mein Leben. […] Wenn ich, ehm, wenn ich suche Ausbildung auch ich muss gut arbeiten, dann ich muss auch gut lernen, gut Deutsch lernen, […]." (IP3: 307-310)

Die Jugendlichen haben zwar den Anspruch, Selbstständigkeit zu erlangen, sie wissen jedoch, dass eine Ausbildung ihnen dabei behilflich sein kann bessere und auch sicherere Jobs zu erhalten. So wollen sie nicht direkt ungelernt in den Arbeitsmarkt einsteigen, sondern sie wollen entweder eine Ausbildung machen oder sogar studieren.

> „Ja, wenn ich kann Deutsch, ich muss lernen Arbeit auch, wie Ausbildung. Nicht einfach andere Arbeit. Vielleicht, wenn ich finde andere Arbeit, ein Jahr, zwei Jahre, dann wenn diese Arbeit fertig, was soll ich machen. Ich muss bleiben oder warten dieses, ehm, Arbeitsamt. Nee, geht nicht. Ich will diese Ausbildung. Wenn ich lerne Ausbildung auch, ich weiß, ich muss gut arbeiten mit dieser Ausbildung. Wenn diese Ausbildung fertig, ich finde Arbeit, das mein Leben ist richtig gut." (IP3: 368-392)

Zunächst sind Ausbildung und Job jedoch noch Zukunftsmusik: Die Jugendlichen, die in der Jugendhilfeeinrichtung leben, sind noch damit beschäftigt, sich die deutsche Sprache anzueignen und die Schule zu besuchen, um einen Haupt- oder Realschulabschluss zu erlangen.[26] Zwar konnte ich die tatsächliche Arbeitsmoral der Jugendlichen kaum beobachten, da ein Großteil meines Praktikums in den Ferien stattfand, Details wie beispielsweise die Sorgfalt, pünktlich zum Schulstart alle Unterlagen und Materialien zusammenzutragen bestätigen jedoch die Aussagen der

---

[26] Zum einen sei hier noch einmal auf die in Kap. 4.2 beschriebenen arbeitsrechtlichen Einschränkungen hingewiesen, die auch das Recht auf eine Ausbildung umfassen. Auch der Anspruch auf Berufsbildungsbeihilfe und BaföG ist für viele UMF eingeschränkt, so dass Abitur und Studium für sie zunächst keine Option darstellen. (vgl. http://www.b-umf.de/index.php?/ Themen/bildung.html, abgerufen am 29.11.12) Über diese Hindernisse scheinen die Jugendlichen sich zum aktuellen Zeitpunkt nur bedingt Gedanken zu machen.

Jugendlichen, dass sie sehr bemüht sind, gute Ergebnisse vorweisen zu können. (vgl. IP5: 285ff., IP2: 324)

In den Ferien machen viele der Jugendlichen ein- bis zweiwöchige Berufspraktika, die zwar nicht verpflichtend sind, ihnen jedoch vom Jugendamt nahegelegt werden. Es sei einmal dahingestellt, ob die Jugendlichen die Praktika aus Weitsicht und mit dem Interesse machen, den für sie geeigneten Ausbildungsberuf zu entdecken, oder ob sie vorrangig den Wünschen der Jugendamtsmitarbeiter nachkommen. Die Tatsache, dass sie freiwillig zwei Wochen ihrer Ferien in diese zusätzliche Aufgabe investieren ist meines Erachtens dennoch ein weiteres Indiz für die Motivation der Jugendlichen, sich möglichst gute Voraussetzungen für den Arbeitsmarkt zu verschaffen.

Sowohl der schulische Erfolg, als auch der Erfolg in der Arbeitswelt sind eng mit den Sprachkenntnissen der Jugendlichen sowie den Fähigkeiten, sich in die deutsche Mehrheitsgesellschaft einzufügen, verknüpft. Das erkennen auch die Jugendlichen und entsprechend räumen sie diesem Thema einen enorm großen Platz in ihrem Alltag ein. Da hier meines Erachtens sehr komplexe Zusammenhänge bestehen, werde ich dieses Thema im folgenden Abschnitt separat behandeln.

Die Sprache als Schlüssel

Neben dem Schulabschluss betrachten die Jugendlichen die Sprache als Schlüssel für ein Leben in Deutschland. Zunächst ist häufig eine sehr diffuse Verknüpfung von Sprache und „Bleiben" vorhanden, die ähnlich wie im folgenden Zitat geäußert wird:

„[wenn] ich lerne gut oder ich spreche gut Deutsch mit diesen deutschen Leuten, ja, mein Leben auch bleibe immer in Deutschland fertig, […]" (IP3: 326f.)

Wie wichtig das Thema „Spracherwerb" für die Jugendlichen ist, wird auch daran deutlich, wie häufig sie es ansprechen: In keinem Interview bleibt es unerwähnt, einer der jungen Männer spricht es in einem circa einstündigen Interview über dreißig Mal an. Im Laufe der Gespräche wird auch deutlich, dass die Jugendlichen durchaus in der Lage sind, den Nutzen der Sprache auch differenzierter zu beurteilen.

Zum einen scheint ihre Daseinsberechtigung in Deutschland für die Jugendlichen in mehrerer Hinsicht mit der Sprache verknüpft. Durch den Nachweis von Sprachkenntnis und Integrationswillen hoffen einige Jugendliche zunächst, ihren rechtlichen Aufenthalt in Deutschland zu sichern (vgl. IP5: 117ff.). Vor allem aber hat die Sprache einen unbestreitbaren alltagspraktischen Nutzen: Ausreichende Deutschkenntnisse sind wichtig, um dem Schulunterricht folgen zu können, für die beruflichen Ziele, für die Bewältigung des Alltags, für die Kommunikation mit den Mitmenschen und um mit der Aufnahmegesellschaft zu verwachsen. Die Jugendlichen sind fest davon überzeugt, dass erst das Beherrschen der deutschen Sprache ihnen das Leben in Deutschland mit all seinen Möglichkeiten eröffnet:

„In Deutschland die Sprache ist nur, sehr wichtig. Und nur durch Deutsch, du hast so viele Möglichkeiten, so viele Möglichkeiten. Ich habe so viele Möglichkeiten hier gesehen." (IP5: 399-401)

Einigen Jugendlichen geht es nicht nur darum, sich verständigen zu können, sondern sie haben den Ehrgeiz, eines Tages nicht mehr über die Sprache als Ausländer erkannt zu werden:

„Und ich habe mich versprochen, muss ich die Sprache gründlich lernen, wie deutsche Leute. Und niemand das muss weiß, das ich bin so ein Ausländer und versuche das gut denen, mit gut, gut aussprechen und so." (IP5: 322-325)

Andere empfinden es auch als eine moralische Verpflichtung, die deutsche Sprache zu lernen, um sich nicht zu sehr von der Mehrheitsgesellschaft abzugrenzen:

„Ohne lernen ich kann nicht bleiben in Deutschland. Ich mag nicht diese anderen Leute, sie bleiben in Deutschland dreißig Jahre, zwanzig Jahre, sie können nichtmal wie ich sprechen. Mit dieser Grammatik oder diese Akkusativ-Dativ. […] Das ist auch mein Leben. Wenn ich bleibe in Deutschland, oder wenn ich lebe gemeinsam in Deutschland, erstmal ich muss lernen Deutsch. […] Gut Deutsch, ohne /?/, ohne Fehler." (IP3: 398-406)

Die Taktik der Jugendlichen, um die Sprache zu erlernen, besteht vor allem aus viel Fleiß. So berichtet einer von ihnen, er lerne seine Vokabeln „jeden Tag, jeden Tag" (IP5: 420). Sie verlassen sich nicht darauf, die Sprache im Alltag aufzuschnappen, sondern die meisten sind vor allem zu Beginn ihres Aufenthalts sehr begierig darauf, so schnell wie möglich Deutschkurse besuchen zu dürfen. Dennoch wird auch der Kontakt zu deutschen Jugendlichen als weitere Möglichkeit gesehen, die Sprachkenntnisse zu erweitern. Es ist auffällig, dass die Jugendlichen bis auf wenige Ausnahmen deutsche Freunde vor allem im Zusammenhang mit dem Spracherwerb erwähnen. So wird beispielsweise berichtet:

„Jetzt auch in suche in dieser, jetzt auch, nach eine Woche wir fahren zur Schule, dann ich suche einen Freund, deutsche Leute. Wenn ich suche einen Freund deutsche Leute, ich spreche immer mit deutschen Leuten, vielleicht mein Deutsch auch besser als jetzt." (IP3: 357-360)

Ein anderer Jugendlicher berichtet zunächst nur, dass er den Kontakt zur deutschen Gesellschaft sucht:

„Ich will irgendwo gehen, dass ich konnte gut lernen und Kontakt mit in Gesellschaft mit die Leute haben." (IP5: 201f.)

Nur wenige Zeilen später begründet aber auch er den Kontakt zu den Deutschen weniger mit dem Bedürfnis nach Anschluss, als vielmehr mit dem Ziel, Deutsch zu lernen:

„Und ich kann hier von Zeit ausnutzen und so viel lernen, und auch hier mit die Leute Kontakt haben, so /../ wegen deutsche Sprache gut lernen." (214f.)

Dies muss nicht bedeuten, dass die Kontakte zu Deutschen, insbesondere zu den Gleichaltrigen, für die Jugendlichen reine Zweckgemeinschaften zum Sprachenlernen sind, aber es zeigt dennoch eine gewisse Instrumentalisierung.

Ein junger Mann macht im Verlauf des Interviews immer wieder deutlich, dass der Kontakt zu den anderen UMF und einem Betreuer der gleichen Nationalität für ihn ein wichtiger Rückhalt sind. Als ich ihn jedoch frage, ob er sich vorstellen könne, in einer Einrichtung zu leben, in der außer ihm nur deutsche Jugendliche sind, antwortet er:

> „Also, in meiner Meinung, das ist zum Beispiel, also, wenn ich wohne in einer Wohnung oder in einer Wohngruppe, wo deutsche Jugendliche sind, das, für Sprache ist für mich sehr gut. Weil ich lerne schnell. Wenn ich bin bei afghanischen Jugendlichen oder iranischen, und dann das ist, wir reden immer unsere Sprache, das heißt, dass es Problem ist, dass, wir können also langsam lernen Deutsch. [...] Also ist besser, wenn zum Beispiel komme ich bei, in eine Wohngruppe wo deutsche Jugendliche, das ist für mich sehr gut." (IP1: 326-334)

Diese Einstellung ist ein weiterer Hinweis darauf, wie wichtig der Spracherwerb für die Jugendlichen ist und wie sehr sie bereit sind, ihr aktuelles Wohlbefinden zugunsten ihres Ziels hintenanzustellen.

Optimismus zeigen und nach vorne schauen

Die beschriebenen Strategien ergeben nur einen Sinn, wenn die Jugendlichen auch die Motivation haben, die anstehenden Aufgaben anzugehen. Was veranlasst sie, durchzuhalten und ihre Ziele so konsequent zu verfolgen, wie ich es eben dargestellt habe? [27]

Zunächst lässt sich in den Interviews ein stark ressourcenorientiertes Denken feststellen. Die Jugendlichen sind sich der Potentiale, über die sie verfügen, bewusst und betonen mir gegenüber nicht, was ihnen fehlt, sondern was sie alles haben. Ihre Grundhaltung ist: Ich kann alles Notwendige und verfüge über alle Voraussetzungen, um zu schaffen, was ich mir vorgenommen habe. Dies reicht von der Erkenntnis „Gott sei Dank ich bin [ein] gesunder Junge" (IP3: 306) bis hin zu dem Vertrauen, dass ihr Umfeld ihnen alle nötige Unterstützung zukommen lässt (vgl. IP5: 341ff.; IP1: 75f.). Die Möglichkeit zu Scheitern oder eventuell von äußeren Faktoren vom Erreichen ihres Ziels abgehalten zu werden, spielt in den Interviews kaum eine Rolle, die Jugendlichen sprechen ausschließlich von dem, was sie zu erreichen gedenken, bis hin zu der expliziten Aussage: „Ich bin sicher, dass ich kann das schaffen." (IP5: 325f.)

Dieses entschieden positive Auftreten mag zum Teil eine Maske sein, die sie mir präsentieren, aber an vielen Stellen der Interviews scheinen die Jugendlichen diese Einstellung wirklich zu vertreten und auch im Alltag ließ sie sich häufig vorfinden. Ich bin der Meinung, dass dieses Verhalten, den Blick auf das Positive gerichtet zu halten und sich selbst zu sagen „Ich kann das schaffen!" durchaus als Durchhaltestrategie gewertet werden kann.

---

[27] Besonders in diesem Kapitel erhebe ich keinen Anspruch auf Vollständigkeit und Repräsentativität. Es gibt einige Strategien, die ich in der Gruppe der befragten Jugendlichen auffällig häufig vorfand und die ich hier darstellen werde, aber so verschieden die Jugendlichen sind, so unterschiedlich sind auch ihre Bewältigungsstrategien und entsprechend unangemessen wären Verallgemeinerungen.

Treten dennoch Probleme auf, ist Gelassenheit eine der Reaktionen, die ich aus den Interviews herauslesen konnte und die Fähigkeit, das Schicksal anzunehmen. So erklärt mir einer der Jugendlichen:

> „Ehm, das Leben ist so, manchmal man muss traurig sein, manchmal fröhlich." (IP5: 256f.)

Diese Einstellung beinhaltet jedoch nicht nur eine Akzeptanz eventueller Trauer oder Frustration, sondern sie beinhaltet auch die oben beschriebene Überzeugung, dass auch wieder bessere Zeiten kommen und dass diese besseren Zeiten es wert sind, die aktuelle Situation durchzustehen:

> „Egal ob ich jetzt hier in zwei Minuten traurig [bin]. Aber, in Zukunft ich bin nicht traurig." (IP5: 394f.)

Ein weiterer Jugendlicher beschreibt mir eine ähnliche Haltung, die von Gelassenheit und Geduld zeugt, aber auch von dem Vertrauen in die eigenen Kräfte und der Fähigkeit, von erlebten Erfolgen zu zehren:

> „Wenn man ein LKW wäre, sag ich mal- oder von einer Leiter, wenn man hoch geht, so, man kann nicht einfach hochspringen. Man fällt runter. Also lass ich mal, einfach mal automatisch, so wie bis jetzt, in drei Jahren bin ich hochgekommen, ich bin auch stolz auf mich, /../ mach ich auch so weiter." (IP2: 321-324)

Selbstverständlich darf man eines bei der Darstellung dieser Strategien nicht vergessen: Die Jugendlichen in der von mir besuchten Einrichtung sind nicht vollkommen, diese Verhaltensmuster finden entsprechend nicht immer und überall Anwendung. Auch diese Jugendlichen haben Zweifel, müssen aufgefordert werden, ihren Pflichten nachzukommen oder setzen ihren Frust in destruktive Verhaltensweisen um. Dennoch, so bestätigt mir auch eine Betreuerin: „Ganz viel, was gut klappt, liegt an den Jugendlichen selber." (Protokoll IP6)

7.4. Einrichtung und Betreuer als Ressourcen

Einer der befragten Jugendlichen sagte zu mir, er könne alles machen und „gut etwas werden" (IP5: 660), alles was er dafür bräuchte, sei etwas Unterstützung. Diese Unterstützung zu bieten, ist die Aufgabe der Einrichtung und der Betreuer, denn sie sind eine der wichtigsten Ressourcen, die den Jugendlichen in Deutschland zu Verfügung stehen. Obwohl die Rollen von beiden eng miteinander zusammenhängen, ist dieses Kapitel in zwei Abschnitte unterteilt. Im ersten Abschnitt geht es vor allem um die Einrichtung als Rahmen, der den Jugendlichen vorgegeben wird. Hier soll untersucht werden, ob und wie die Jugendlichen von den vorhandenen Regeln, Strukturen, Angeboten etc. profitieren. Im zweiten Teil liegt der Fokus dann überwiegend auf der Gestaltung der Beziehungen zwischen den Betreuern und den Jugendlichen sowie darauf, was die Betreuer als Personen zum Wohlergehen der Jugendlichen beitragen können.

Die Einrichtung

Die von mir besuchte Einrichtung scheint den Bedürfnissen der Jugendlichen in den meisten Aspekten gerecht zu werden. Dies wird unter anderem dadurch deutlich, dass die folgenden Absätze sich wie das Gegenstück zu den im vorletzten Kapitel formulierten Bedürfnissen der Jugendlichen lesen.[28]

Die essentiellste Funktion der Einrichtung für die Jugendlichen ist eine gute und gesicherte materielle Versorgung und Schutzfunktion. Diese wird von sehr vielen Jugendlichen explizit angesprochen, sie betrachten es vor dem Hintergrund ihrer Erfahrung nicht als Selbstverständlichkeit, über ausreichend Kleidung und Nahrung, ein Dach über dem Kopf etc. zu verfügen. (vgl. IP5: 130, 344ff.; IP2: 60f.; IP3 298ff.; IP1: 59ff.)

Mit dem Erreichen der Jugendhilfeeinrichtung, so beschreiben viele Jugendliche, tritt eine deutliche Wende ihrer Fluchtgeschichte ein. Sie beschreiben, dass ihnen dort erstmals ein Gefühl der Sicherheit vermittelt wurde:

> „Sie sind mir erklärt, dass das hier alles in Ordnung, alles geht gut." (IP5: 130)

Es ist der Ort, an dem sie offensichtlich nicht nur in der Theorie, sondern auch tatsächlich zur Ruhe kommen, wenn die Mitarbeiter es schaffen, den Jugendlichen ein Gefühl der Sicherheit und des Willkommenseins zu vermitteln. Wie viel hierbei ein freundlicher und liebevoller Empfang bewirken kann, wird in der Beschreibung eines weiteren Jugendlichen deutlich:

> „Ja, als ich nach N. gekommen bin, sie haben nach drei Tagen ein- welcher Betreuer ich weiß nicht- sie haben im Essraum eine Konferenz gemacht, [...] sie haben dort auch Blumen gekauft, sie haben Kaffee gemacht, sie haben diese cake schön, ja, das war schön. Ehrlich. Das <u>erste</u> Mal ich hab keine Angst, ich hab keine- [...] ich kann nur english, als war ich gekommen. Aber diese Betreuer gut akzeptieren und, sie haben Blumen gekauft und so [...]." (IP3: 180-187)

Durch den Kontakt zu anderen UMF bietet die Einrichtungen den Jugendlichen die Möglichkeit, Anschluss an eine Gemeinschaft zu finden, in der andere Menschen ihre Erfahrungen teilen und verstehen (vgl. Kap. 7.2). Die Jugendlichen nehmen diese Gemeinschaft offenbar sehr gerne an, auch wenn sie sich nach meiner Beobachtung stärker nach ihrer Herkunft gruppieren, als das folgende Zitat zum Ausdruck bringt:

> „Ne, ich fühl mich, wir sind alle egal ob das die sind von Afrika oder von andere Land oder Pakistan, verschiedene Land. Trotzdem wir sind Menschen. Ich bin ganz zufrieden hier mit die Leute. Ich finde alle hier sehr nett." (IP5: 236-238)

Manche Jugendliche gehen sogar so weit, die Gruppe als ihre Ersatzfamilie zu bezeichnen:

> „Wir sind eine Familie, egal welches Land, aus welchem Land wir sind hergekommen, aber wir sind jetzt eine Familie." (IP3: 267f.)

Die Gemeinschaft mit den anderen Jugendlichen sowie die verschiedenen Angebote der Einrichtung bieten den Jugendlichen zudem Zerstreuung und Ablenkung von dem, was sie belastet. In Bezug auf die Freizeitgestaltung erwähnen die Jugendlichen vor allem den Fitnessraum, über den die Einrichtung verfügt und den sie offenbar gerne in Anspruch nehmen (vgl. IP3: 282ff.; IP1: 395) sowie gelegentliche Wo-

---

[28] Um Wiederholungen zu vermeiden verweise daher nur auf viele Zitate, die im Kap. 7.2 bereits zu finden sind, ohne sie ein zweites Mal vollständig wiederzugeben.

chenendausflüge, die von den Betreuern organisiert werden. Die Bandbreite der Ziele ist groß, es gibt kleinere Ausflüge ins Schwimmbad, ins Kino oder einfach in die nächste Stadt zum Eis-Essen, gelegentlich werden aber auch weiter entfernte Städte besucht. Sehr viele Jugendliche berichten mir von diesen Ausflügen und heben sie als besonders positive Eigenschaft der Einrichtung hervor:

> „War gut, also, sie haben immer am Wochenende mit uns, also, Ausflüge gemacht zum Beispiel, nach Köln wir sind gegangen, da, immer am Wochenende, das hat mir gut gefallen. Oder Schwimmbad, oder spielen Fußball irgendwo. Am Wochenende, wir waren immer im Ausflug, kleine Ausflüge, das, das hat mir gut gefallen. Und dann, war es mit Jugendlichen und Betreuer, Betreuerin auch, ja, das war gut." (IP1: 198-203)

Dass die Einrichtung nicht nur für die Freizeitgestaltung, sondern auch im Alltag wichtige Strukturen bietet, zeigt unter anderem die gute Annahme der Regeln durch die Jugendlichen (vgl. Kap. 7.2). Alle Jugendlichen bewerten die Hausregeln rückblickend positiv, sie finden sie „sehr wichtig" (IP1: 152) und „ganz gut" (IP1: 160), auch wenn dieses Verständnis nicht ab dem ersten Tag vorhanden ist.

> „Ich war nicht so ein Mensch der nur im Zimmer bleiben soll oder um zehn Uhr im Bett schlafen, ja? Das fand ich einfach komisch, scheiße, Scheißgefühl, aber naja, dann, danach habe ich verstanden, für was ist das. Ist das, zum Beispiel war gut eigentlich. War auch schön." (IP2: 100-103)

Der erste Teil dieses Zitats taucht schon im Kap. 7.1 auf, hier ist nun der zweite Teil von Bedeutung. Was dieser Jugendliche zu beschreiben versucht und als „schön" bezeichnet, ist der Versuch der Einrichtung, den Jugendlichen eine beständige Tagesstruktur zu bieten, die ihnen zusammen mit der Unterstützung der Betreuer hilft, sich an das Leben in Deutschland zu gewöhnen und zu lernen, sich zurechtzufinden. Den Alltag zu meistern, die Schule zu meistern, die Orientierung in der Gesellschaft, so berichtet einer der Jugendlichen, das habe er alles in der Einrichtung gelernt (vgl. IP2: 116).

Einige Aussagen machen deutlich, dass die Einrichtung im Laufe der Zeit für die Jugendlichen nicht nur ein Ort ist, an dem sie zu Gast sind, sondern zu einem Zuhause wird, an das sie eine Bindung haben. So benutzen einige Jugendliche die Formulierung „Zuhause", wenn sie von der Einrichtung sprechen, einer sogar von „unserem Haus" und der Verantwortung, die das mit sich bringt:

> „[…] und manchmal gibt es zu Hause Dienst. Das müssen wir machen, das ist nicht ein Dienst, das sind Verantwortlichkeit für uns. Weil wir wohnen hier, das ist unser Haus."(IP5: 447-449)

Ein ehemaliger Bewohner berichtet, nur ungern ausgezogen zu sein:

> „Also, ich wollte dort auch noch weiter wohnen, […].Eigentlich das dort hat mir auch gut gefallen. Ich war immer bei Jugendlichen und so." (IP1: 372-375)

Sosehr die Bindung an die Einrichtung und die anderen Flüchtlinge den Jugendlichen eine Stütze ist, so liegt hierin jedoch auch ein möglicher Nachteil: Die Jugendlichen bleiben in der Einrichtung stark unter sich, und haben wenig Anreiz, Kontakte zu deutschen Altersgenossen zu knüpfen und sich in deren Peergroups oder sonstige Gruppierungen zu integrieren. Einer der Betreuer bezeichnete den

Alltag der Jugendlichen als ein „Leben unter einer Glocke", die sie möglicherweise zu stark schützt und von der Teilnahme am Leben außerhalb der Einrichtung abhält.

Die Betreuer

Fragt man die Jugendlichen nach ihren Betreuern, antworten sie wie aus der Pistole geschossen: „Ja, ja, die Betreuer, alle Betreuer ist, finde ich gut" (IP3: 144f.) oder „[…] also Betreuer waren immer zu mir nett" (IP1: 124) oder ähnliches. Zunächst machte mich die Vehemenz, mit der die Jugendlichen dies beteuerten, misstrauisch. Meine Daten liefern jedoch keine Hinweise darauf, dass dies nicht der Wahrheit entspricht, eher stärken auch indirekte Aussagen das Bild einer guten Beziehung zueinander.

Die Äußerungen der Jugendlichen erwecken den Eindruck, dass die Betreuer zwar keinesfalls ein Elternersatz sind, dass sie aber dennoch auf organisatorischer wie auch auf emotionaler Ebene wichtige und geschätzte Bezugspersonen sind, zu denen sie teilweise auch nach ihrem Auszug aus der Einrichtung noch Kontakt halten. Dementsprechend wichtig sind für die Jugendlichen die Verlässlichkeit der Betreuer und die Kontinuität ihres Handelns. So beschreibt mir beispielsweise ein junger Mann, aufgrund welcher Qualitäten er eine Betreuerin besonders schätzt:

> „Aber ich mag S. Warum? Sie arbeitet so! /zeigt eine gerade Linie nach vorne/ Gerade. Sie arbeitet nicht falsch. […] Sie macht nicht Fehler. Sie kommt pünktlich, sie macht alles." (IP3: 194-199)

Die jungen Männer und Frauen scheinen weitgehend überzeugt von der Professionalität ihrer Ansprechpartner und von deren Fähigkeit, das Wohl der Jugendlichen zu vertreten:

> „Also die sind sehr professionell, wie die gehen mit Jugendliche um. Die wissen alle Bescheid. Ich bin sicher." (IP3: 265f.)

Auch scheinen sie überwiegend die Erfahrung gemacht zu haben, dass sie sich auf die Aussagen der Betreuer und des Jungendamts verlassen können (siehe z.B. IP1: 59-64). Sie haben daher ausreichend Vertrauen, um sich mit Problemen (zumindest mit solchen, die der Alltag aufwirft) an sie zu wenden:

> „Ja ja, die Betreuer, wenn zum Beispiel ich habe, ich brauche etwas oder so, bin ich zu Betreuer hingegangen, habe ich gefragt, das brauche ich oder, das ist mein Problem, das, dann haben sie mich geholfen." (IP1: 75-77)

Ein weiterer Jugendlicher bestätigt das:

> „Wenn ich Probleme hatte ich geh zum Betreuer und die sind schon erledigt das. […] Und Ergebnis war <u>immer</u> positiv." (IP5: 270-273)

Die Beziehung zwischen den Jugendlichen und den Betreuern beschränkt sich jedoch nicht auf diese organisatorische Ebene, auch Empathie und ein offenes Ohr für ihre Ängste und seelischen Nöte ist für die Jugendlichen wichtig. Ein Beispiel dafür, dass sie es wahrnehmen und schätzen, wenn die Betreuer aktiv und herzlich auf sie zugehen, wurde bereits im vorigen Abschnitt mit der Willkommensfeier genannt. Wie die beiden folgenden Interviewausschnitte zeigen, ist es für die Jugendlichen jedoch auch wichtig, diese Fürsorge konstant zu erleben:

„Die wollten immer zeigen, ja [Name der IP], wenn du mit was Probleme hast, komm
zu uns, die sind zu mir gekommen, ich hatte auch, zum Beispiel, damals konnte ich
auch nicht schlafen, ja? [...] Die eine Betreuerin, [...] zwei, ja, die sind mit mir- ganze Nacht wach geblieben, mit mir geredet, mit wir, wir haben, sag ich mal, Tee ge-
trunken, und, ja, schon geholfen." (IP2: 153-160)

Die Zuwendung der Betreuer trägt dazu bei, dass die Jugendlichen sich in der Einrichtung geborgen fühlen (vgl. Kap. 7.2) und hilft, die Einsamkeit zu bekämpfen:

„Und wenn wir ein bisschen traurig sind, die fragen immer, jedes fragen. Die sagen,
komm her. Die trennen uns von andere Jugendliche, alleine, und die fragen: Bist du
krank? Was ist das Problem? Wieso bist du traurig? Oder wieso redest du nicht mehr?
[...] Also ich wurde sehr fröhlich. Weil es hat eine positive -Einfluss auf uns. Und ich
überlege mich: Oh [Name der IP], du hast auch jemand hier, das die fragen dich:
Wieso bist du traurig?" (IP5: 366-373)

Im vorigen Abschnitt wurde die gute Akzeptanz der Hausregeln angesprochen.
Obwohl die Jugendlichen diese grundsätzlich als hilfreich empfinden, ist es vor
allem angesichts ihres Alters nicht verwunderlich, dass die Betreuer deren Einhaltung gelegentlich durchsetzen und die Jugendlichen auf ihre Verantwortlichkeiten
und Verpflichtungen hinweisen müssen. Dies kann von den Jugendlichen positiv
angenommen und als Form der Fürsorge anerkannt werden, wie in diesem Fall:

„Aber mein Betreuer, war zweimal dreimal ein bisschen sauer hat, sauer geworden.
Hat gesagt: Du solltest [Name der IP], du solltest immer auf Deutsch reden. Und ich
habe das angenommen, egal ob er sauer an mich geworden, kein Problem. Weil das,
die denken über unsere Zukunft und die wollen wirklich, dass ich etwas, in Zukunft
werde und selbstständig sein. Wenn die sauer werden, dann sind, die haben eine eigene Ziel /dahinter?/, das bedeutet dass die /../ die machen alles wegen unsere Zukunft."
(IP5: 388-394)

Wie nicht anders zu erwarten, führen solche Ermahnungen jedoch auch zu Konflikten. Es ist nachvollziehbar, dass die Jugendlichen sich in deren Beschreibung
zurückhalten, hin und wieder werden sie jedoch thematisiert. Es scheint als drehten
die meisten Konflikte sich, wie bei anderen Jugendlichen auch, um Dinge wie Hausaufgaben, Schule oder Nachtruhe. Und nicht selten folgt rückblickend die (echte
oder vorgegebene?) Einsicht in die angemahnten Regeln.

„[Der Streit] kommt manchmal. Aber nicht von Herz. Also, manchmal, aber nur ein
bisschen. Also vielleicht die sagen, du solltest /../ ehm, pünktlich in die Schule sein
und ich hatte keine Lust. Ich war hier eingeschlafen. Ich habe nur die Betreuerin so
viele genervt." (IP5: 257-260)

Ernstere Auseinandersetzungen zwischen Jugendlichen scheinen in der Einrichtung eher die Ausnahme zu sein. Einer der Jugendlichen berichtet jedoch auch, einige der Betreuer seien „sehr streng" (IP2: 179) gewesen und er habe auch oft

„Probleme oder Stress gehabt, wir haben oft uns angeschrien, ja, es hatte einen, sag
ich mal, richtigen Grund, nicht einfach so, um, sag ich mal, unwichtige Sachen." (IP2:
188-190)

Einen der Konfliktpunkte führt dieser Jugendliche näher aus: Ihm missfällt, dass die
Betreuer auf einem abendlichen Rundgang in die Zimmer der Jugendlichen schauen,

und dass eine ehemalige Betreuerin die Zimmer der Jugendlichen scheinbar „[o]hne Klopfen, ohne gar nichts zu sagen" (IP5: 222) betreten habe. Er findet hier deutliche Worte, um seine Privatsphäre zu verteidigen:

> „[...] das finde ich einfach respektlos. Und einfach, sag ich mal, wenn, das ist meine Wohnung, das ist auch mein Zimmer /macht eine Geste in den Raum/, die Leute, D. meine Betreuerin, sie darf nicht einfach hier rein kommen, das macht man nicht." (IP5: 231-234)

In späteren Ausführungen des jungen Mannes wird deutlich, dass es hier nicht nur um die Verletzung seiner Privatsphäre geht, sondern auch um eine grundsätzliche Frage nach Vertrauen. Für die Jugendlichen zählt nicht nur, dass sie den Betreuern vertrauen können, sondern sie wollen auch umgekehrt erleben, dass man sie ernst nimmt, ihnen ein gewisses Maß an Selbstständigkeit zugesteht und ihnen Vertrauen schenkt. So erzählt mir einer der Jugendlichen folgende Begebenheit nicht nur einmal, sondern gleich mehrfach:

> „Die haben mir Geld gegeben in mein Hand und ich habe das abgegeben in Anmeldung in private Deutsch-Intensivkurs in L. Ungefähr fünfhundert oder sechshundert ich habe, mein Betreuer hat mir gegeben, ich habe in meine Hand einfach gelegt und Anmeldung gegeben." (IP5: 276-279)

Ein spezieller Fall, bei dem die Meinungen der Jugendlichen auseinandergehen, ist die Rolle der muttersprachlichen Betreuer in der Einrichtung: Während einige Jugendliche der Existenz von Betreuern, die ihre Muttersprache und Herkunftskultur kennen, keinerlei Bedeutung beimessen und vor allem deutsche Betreuer wichtig finden (vgl. IP3: 188ff.; IP5: 521ff.), sind andere froh, wenn es jemanden gibt, der ihnen die neue Umgebung in ihrer Muttersprache erklären kann:

> „Also, Deutsche auch sowieso ist, also, für uns sehr gut. Aber wir brauchen am Anfang einen, also, der unsere Sprache kann, also, übersetzen und so. [...] Also, am Anfang Me. hilft, also, bis drei Monate oder vier Monate, und dann nach den drei, vier Monaten sagt er, okay, versuch alleine, vielleicht schaffst du." (IP1: 299-306)

Mein Eindruck ist, dass die muttersprachlichen Betreuer nicht nur eine sprachliche Übersetzungsarbeit leisten, sondern in der Anfangsphase auch als kulturelle Vermittler von Bedeutung sind und den Jugendlichen die Eingewöhnung in Deutschland erleichtern können. Viele Jugendliche in der von mir besuchten Einrichtung schienen zudem zu den Betreuern der eigenen Herkunftskultur ein besonderes Verhältnis zu haben. Es handelt sich hierbei jedoch um einen Eindruck, den ich nicht ausreichend anhand der gesammelten Daten belegen kann und der zu überprüfen wäre.

7.5. Zusammenfassung der Ergebnisse

Die Jugendlichen bestätigen durch ihre Erzählungen bis zu einem bestimmten Punkt das Bild, das die Sekundärliteratur von ihnen zeichnet: Es handelt sich zweifellos um eine deprivierte Gruppe, die mit zahlreichen Herausforderungen zu kämpfen hat. Das Bild, das sie von sich selbst zeichnen, geht jedoch über das hinaus, was durch Literatur und Medien über sie an die Öffentlichkeit gelangt: Ich habe junge Menschen erlebt, für die Unterstützung zweifellos wichtig ist, die jedoch keine hilflosen

Objekte sondern aktiv agierende Subjekte sind. Die meisten jungen Flüchtlinge, die ich kennengelernt habe, arbeiten zielstrebig darauf hin, aus der Situation der Hilfsbedürftigkeit herauszukommen und sich eine Grundlage zu schaffen, auf der sie selbstständig und unabhängig leben können. Von zentraler Bedeutung sind für sie dabei der Spracherwerb sowie die schulische Bildung.

Die Einrichtung, in der die Jugendlichen leben, scheint ihren Bedürfnissen im Großen und Ganzen gerecht zu werden. Sie finden dort Rückhalt, Gemeinschaft und Sicherheit, wobei die Versorgung und der geregelte Alltag eine wichtige Rolle spielen. Die größten Störfaktoren für eine positive Entwicklung befinden sich nicht innerhalb der sozialpädagogischen Förderstrukturen, sondern außerhalb der Einrichtung, sie kommen vor allem von Seiten der ausländerrechtlichen Bestimmungen: Es sind lang andauernde Asylverfahren oder rechtliche Beschränkungen auf Basis ihres Aufenthaltsstatus, die die Jugendlichen belasten, sei es durch rechtliche Beschränkungen oder durch die emotionale Last der Unsicherheit oder des Versteckspiels.

8. Und nun? – Einige Fragen und Anregungen

In diesem abschließenden Kapitel werde ich einerseits zum Ausgangsthema dieses
Buches zurückkehren und den Versuch einer Antwort auf die Frage wagen, was es
nun mit dem Verhältnis von Autonomiebestreben und Hilfebedarf der Jugendlichen
auf sich hat.

Andererseits werde ich hier auch einige zentrale Erkenntnisse, Anregungen, aber
auch Fragen vorstellen, die sich aus den präsentierten Ergebnissen ergeben und die
als Anregungen für die Menschen verstanden werden sollen, die die jungen Flüchtlinge in ihrem Alltag begleiten und unterstützen.

8.1. Autonomie versus Hilfebedarf oder Hilfe zur Autonomie?

Betrachtet man die Ergebnisse in diesem Buch im Hinblick auf die zentrale Frage-
stellung nach dem Verhältnis von Autonomiebestreben und Hilfebedarf der jungen
Flüchtlinge, zeigt sich, dass ihre Aussagen durch Ambivalenz gekennzeichnet sind:
In der Zusammenfassung der Ergebnisse wird bereits deutlich, dass die Jugendlichen
zwar zweifellos einen Hilfebedarf aufweisen, dass sie jedoch gleichzeitig auch junge
Menschen mit einer hohen Eigenmotivation sind und eigene Ziele vor Augen haben.
Einerseits machen sie sehr deutlich, dass sie nach Unabhängigkeit und Freiheit stre-
ben, so wie dieser junge Mann, wenn er sagt:

„[…] ich bin achtzehn, ich bin erwachsen, ich brauche Freiheit." (IP3: 382f.)

Andererseits bringen die Jugendlichen der Einrichtung, in der sie leben sowie deren
Regeln eine große Akzeptanz und sogar Wertschätzung entgegen. Wie sind diese
scheinbaren Gegensätze miteinander vereinbar?

Meine Vermutung ist, dass die große Zielstrebigkeit der Jugendlichen im Hinblick auf ihre Zukunft hier das verbindende Element darstellt. Wenn die Jugendlichen kurz nach ihrer Ankunft in Deutschland erstmals auf Vertreter der Jugendhilfe
stoßen, sind sie zunächst auf Hilfe angewiesen, vor allem, wenn sie keine Freunde
oder Verwandten in Deutschland haben. Vermutlich ist in dieser Situation für sie
zunächst nur von Bedeutung, überhaupt irgendwo unterzukommen und versorgt zu
werden. Bald jedoch rücken andere Bedürfnisse in den Vordergrund, unter anderem
ihre meist hohen Bildungsaspirationen.

Die Jugendlichen wissen, dass ihre Chancen auf einen guten Arbeitsplatz und einen sicheren Verdienst – also auf die Grundlage für ein autonomes Leben – mit
einem Schulabschluss steigen bzw. dass eine Ausbildung oder Lehre ihnen eher die
Möglichkeit eines langfristigen Arbeitsplatzes bietet als ein Job als ungelernter Ar-
beiter. Und sie erkennen, dass die Jugendhilfe ihnen hier die nötige Unterstützung
liefert: Sie bietet materielle Versorgung, die Möglichkeit des Schulbesuchs und
Fördermaßnahmen wie Nachhilfe und Deutschkurse an. Obwohl einige Jugendliche
äußern, dass ihnen das zunächst schwerfällt, ordnen sie daher ihren Drang nach
Eigenständigkeit und danach, eine Rolle auszufüllen, die ihnen in ihrer Herkunftsgesellschaft möglicherweise schon lange zusteht (nämlich die eines jungen Erwachsenen, der für sich und eventuell auch seine Familie Sorge und Verantwortung trägt)

dem Ziel unter, sich eine Zukunftsperspektive in Deutschland zu erarbeiten.[29] Sie akzeptieren daher ihre Rolle als Jugendliche und die damit verbundenen Einschränkungen ihres Freiraums gewissermaßen „auf Zeit" und in dem Wissen, dass es sie dem großen Ziel der Autonomie und eines relativen Wohlstands näher bringt.

Damit sind Autonomie und Hilfebedarf auch nicht länger gegensätzliche Pole („entweder bin ich selbstständig oder ich nehme Hilfe an"), sondern werden gewissermaßen miteinander vereinbar („ich nehme jetzt Hilfe an um später selbstständig leben zu können").

Die Jugendlichen nehmen vor allem die Unterstützung wahr, die sie im Hinblick auf die Gestaltung ihrer Zukunft erhalten und benötigen. Meines Erachtens ist die Unterstützung, die die Einrichtung ihnen bei der Bewältigung ihrer aktuellen Lebenssituation bietet, jedoch mindestens genauso wichtig und gewissermaßen ein Hilfebedarf, den die Jugendlichen selbst möglicherweise nicht als solchen erkennen.

Ich vermute, dass die Gemeinschaft und der emotionale Rückhalt, den sie in der Einrichtung finden Grundvoraussetzung dafür sind, dass sie sich auf das Erreichen ihrer schulischen und beruflichen Ziele konzentrieren und erlebte Traumata verarbeiten können. Ich denke weiterhin, dass die Betreuer hier eine wichtige Rolle spielen: Sie sind gewissermaßen „Profis" im Umgang mit den deutschen Gepflogenheiten, die Rat und Unterstützung anbieten und das Funktionieren der Gemeinschaft im Haus gewährleisten. Auch wenn die Jugendlichen, wie die Betreuer berichten, viel unter sich klären und sich gegenseitig unterstützen, brauchen sie dennoch jemanden, der sie auf dem Weg in ihr selbstständiges „deutsches" Leben unterstützt.

8.2. Anregungen für die soziale Arbeit mit UMF

Die hier angeführten Erkenntnisse bzw. Anregungen resultieren aus den Informationen, die ich im Rahmen der Interviews und Beobachtungen erhoben habe. Sie betreffen zum Teil die Soziale Arbeit mit UMF insgesamt, an einigen Stellen sind sie jedoch auch ein konkretes Feedback an die Einrichtung, an deren Alltag ich im Rahmen der Forschung zu diesem Buch teilhatte.

Was die Betreuer und die Einrichtungen leisten können

An den politischen Strukturen und Grundproblematiken der Jugendlichen können die Pädagogen und die Einrichtungen wenig ändern. Sie haben jedoch großen Einfluss auf die Rahmenbedingungen des Alltags und können diese so gestalten, dass den Bedürfnissen der Jugendlichen Rechnung getragen wird. Dazu gehört zum Beispiel, in der Einrichtung eine Atmosphäre der Familiarität und Zusammengehörigkeit zu schaffen, die es den Jugendlichen erleichtert, sich in der Fremde wohlzufühlen und Anschluss an die Gruppe zu bekommen. Dies betrifft zum einen die Gestal-

---

[29] Ich vermute, dass hier je nach Herkunftsgesellschaft starke Unterschiede zwischen jungen Männern und Frauen bestehen. Aufgrund der Zusammensetzung meiner Interviewpartner kann ich hier nur die männliche Perspektive berücksichtigen.

tung der Räumlichkeiten, z. B. die ansprechende Gestaltung von Gemeinschaftsräumen und eine Ausstattung, die dazu einlädt, sich dort aufzuhalten und gemeinsam zu beschäftigen. Zum anderen beinhaltet dies, die pädagogische Arbeit bewusst so zu gestalten, dass Raum für Begegnung besteht. In der von mir besuchten Einrichtung ist ein solcher Raum beispielsweise das gemeinsame Mittagessen, das von allen Bewohnern und den Betreuern zusammen begonnen und beendet wird und bei dem vor allem Deutsch gesprochen wird, damit alle Anwesenden am Gespräch teilhaben können. Auch Freizeitangebote wie die beschriebenen Wochenendausflüge oder, wie ich es einige Male erlebte, ein von einem engagierten Betreuer spontan initiierter Kaffeeklatsch auf der Terrasse schaffen Raum für gemeinsame Erlebnisse und Begegnung.

Solche Erfahrungen stärken nicht nur den Zusammenhalt in der Gruppe, sondern ermöglichen auch den Betreuern, mit den Jugendlichen ins Gespräch zu kommen. Dies finde ich besonders wichtig, da die Jugendlichen in der von mir besuchten Einrichtung im Vergleich zu anderen Zielgruppen der Jugendhilfe wenig forderndes Verhalten an den Tag legen, so dass ich das Risiko sehe, dass man sich im Alltag, so lange er einigermaßen reibungslos funktioniert, zu sehr auf die Routineaufgaben beschränkt. Gerade weil die Jugendlichen, wie einer ihrer Betreuer es mir gegenüber formulierte, „wenig Probleme machen", sehe ich die Notwendigkeit, dass die Betreuer aktiv auf sie zugehen.

Im Umgang mit jungen Flüchtlingen ist es zudem besonders wichtig, dass die Betreuer in der Lage sind, ihre Hilfen so zu gestalten, dass die Jugendlichen zwar einerseits Zuverlässigkeit und Unterstützung erfahren, dass sie sich jedoch andererseits auch als ernstgenommenes und mündiges Gegenüber betrachtet fühlen. Die Berichte der Jugendlichen machen deutlich, dass dieser Beziehungsaufbau in der von mir besuchten Einrichtung weitgehend gut funktioniert und dass die Betreuer so zu einer großen Quelle der Unterstützung für sie werden.

Ein Punkt, an dem die besuchte Einrichtung ihr Angebot an die Jugendlichen mit wenigen Mitteln möglicherweise sinnvoll ergänzen könnte, ist das Angebot von Freizeitaktivitäten, die bewusst stressabbauend wirken. Die Ergebnisse meiner Befragungen und Beobachtungen zeigen, dass die Jugendlichen unter hohem Leistungsdruck und hoher Belastung stehen. An anderer Stelle wird deutlich, dass das Sport- und Freizeitangebot der Einrichtung von ihnen sehr geschätzt wird. Hier bietet sich eine Möglichkeit, verstärkt anzusetzen und die vorhandenen räumlichen Voraussetzungen zu nutzen, um mehr organisierte Spiel- und Sportangebote zu schaffen, die die Jugendlichen „für einen Augenblick aus der oft harten Alltagsrealität zu reißen vermögen, Freiheit vermitteln und ihnen ein kurzes Abschalten oder Abtauchen ermöglichen" (Meier 2010, S. 171).[30] Ich denke an dieser Stelle vor allem auch an die Mädchen und jungen Frauen, die in dem Haus leben, denn das bisher vorhandene Sportangebot (vor allem der Fitnessraum und der Basketball-/ Fuß-

---

[30] Der zitierte Text beschreibt ausführlich, dass Sport und Spiel im Kontext der Flüchtlingsarbeit nicht nur einen körperlichen, sondern auch einen pädagogischen und emotionalen Mehrwert erzielen kann und bietet Anregungen, wie die positiven Effekte gezielt gestärkt werden können.

ballplatz) richtet sich nach dem traditionellen Rollenverständnis vieler Gesellschaf-ten eher an die männlichen Bewohner.

Zwei weitere Aspekte, die ich in der Einrichtung beobachtet habe und in denen meines Erachtens ebenfalls mit wenigen Mitteln ein großer Mehrwert erzielt werden könnte, betreffen die Schulung der dort arbeitenden Pädagogen und Erzieher:

Zum einen denke ich, dass zusätzliche Schulungen im Bereich des Umgangs mit Traumata und psychischen Erkrankungen, die im Kontext von Flucht und Extrembe-lastungen häufig auftreten, ein sinnvolles Angebot wären. Laut den Berichten zweier der Betreuer haben beispielsweise nur wenige ihrer Kollegen Fortbildungen über Traumatisierung und PTBS besucht. Ein Zwischenfall in der Einrichtung und die anschließenden Erzählungen der Betreuer lassen mich vermuten, dass viele Betreuer die Intrusionen eines Jugendlichen nicht zu deuten wussten und auch mit dem Be-griff des „Flashbacks" nichts anzufangen wussten. Im Umgang mit einer so hohen Zahl potentiell traumatisierter Jugendlicher erscheint es mir jedoch wichtig, dass alle Betreuer über ausreichende Grundkenntnisse in Bezug auf die Erkennung von und den Umgang mit Traumata verfügen.

Zum anderen könnte die alltägliche Arbeit in der Einrichtung möglicherweise davon profitieren, wenn den Betreuern Schulungen über die häufigsten Herkunfts-kulturen der Jugendlichen angeboten würden. Zwar habe ich ein erfreulich internati-onales und interkulturelles Team erlebt, in dem auch einige Betreuer arbeiten, die selbst in zwei der häufigsten Herkunftskulturen der Jugendlichen aufgewachsen sind und ich hatte auch den Eindruck, dass Einrichtung und Betreuer sich darum bemü-hen, die Jugendlichen in der Bewahrung ihrer Kulturen und Religionen zu bestärken. Aber dennoch habe ich einige Missverständnisse miterlebt, die meines Erachtens kulturellen Unterschieden geschuldet sind und die sich leicht verhindern ließen, indem man den Betreuern ein größeres Wissen um die Gepflogenheiten in den Her-kunftskulturen der Jugendlichen vermittelt. Da in der besagten Einrichtung vor allem drei Nationalitäten-gruppen stark vertreten sind, wäre beispielsweise je eine Schu-lung zu den „Basics" der dortigen Kultur, Lebensverhältnisse, Religion und Gepflo-genheiten denkbar, die sich eventuell sogar hausintern mit den entsprechenden Be-treuern organisieren ließen. Ich denke hier weniger an theorie- und geschichtslastige Vorträge, als eher an sehr konkrete und alltagsnahe Themen (z.B.: Warum wollen viele Jugendliche nicht vor dem Betreuer durch die Tür gehen?) sowie Themen aus dem Bereich der Interkulturellen Kommunikation (z.B. Wie macht es sich im Alltag bemerkbar, wenn verschiedene Kommunikationsstile, etwa eine *high-context-communication* und eine *low-context-communication* aufeinander stoßen?)

Die Frage nach Integration

Auch wenn die Einrichtung zunächst ein wichtiger Anlaufpunkt für die Jugendlichen ist, sollte zumindest im Bewusstsein der Betreuer sein, dass sie – zumindest für die älteren UMF – gleichzeitig doch „nur" ein Übergangsort ist, der sie auf ein eigen-ständiges Leben in Deutschland vorbereitet. Nicht nur deshalb halte ich es für sinnvoll, dass alle Beteiligten sich früh um eine Integration der Jugendlichen in die Mehrheitsgesellschaft bemühen.[31] Mir ist jedoch aufgefallen, dass die befragten Jugendlichen stark unter sich bleiben und meist nur oberflächliche Kontakte zu Gleichaltrigen außerhalb der Einrichtung pflegen. Hierfür gibt es gute Gründe (vgl. Kap. 7.2), aber dennoch frage ich mich, wie solche Kontakte sich möglicherweise fördern ließen.

Ein Gedanke, der hier schnell aufkommt, ist der an die gemeinsame Unterbringung mit „deutschen" Jugendlichen (bzw. Jugendlichen, die in Deutschland sozialisiert sind). Aber wie müsste diese aussehen, damit beide Seiten, UMF und „Deutsche", davon profitieren? Diese Frage wurde auch in Fachkreisen diskutiert und man kam zu dem Ergebnis, „dass eine Unterbringung mit verhaltensauffälligen Kindern in der integrierten Form keine angemessenen Sozialisationsbedingungen für die jungen Flüchtlinge darstelle" (Stauf 2012, S. 66). Vereinzelt kommt möglicherweise eine Unterbringung in Internaten, Wohnheimen für Auszubildende oder Ähnliches in Betracht. Eine umfassende Lösung kann dies jedoch auch nicht sein, denn es setzt unter anderem voraus, dass die Jugendlichen auch außerhalb der Einrichtungen einen Ansprechpartner und ein „Zuhause" haben. Zudem stellt sich mir die Frage, ob es für die Jugendlichen förderlich wäre, zugunsten einer Unterbringung mit „Deutschen" auf das vergleichsweise engmaschig betreute und auf ihre Bedürfnisse abgestimmte Leben in der Gruppe von UMF zu verzichten. (s. auch Rieger/ Weiss 2000)

Ein anderer Ort, an dem die Integration und Vermischung mit Gleichaltrigen gefördert werden könnte, sind Schulen. Auch hier wird bei näherer Betrachtung jedoch schnell deutlich, dass ein gemeinsames Lernen gar nicht so einfach ist: Die jungen Flüchtlinge haben in vielerlei Hinsicht andere Förderbedarfe als ihre deutschen Altersgenossen, allein aufgrund der zunächst fehlenden Deutschkenntnisse oder weil ihr letzter Schulbesuch lange zurückliegt. Aber selbst wenn sich die Möglichkeit bietet, sie in Regelschulen zu integrieren, scheint es ihnen schwer zu fallen, Freundschaften zu den anderen Jugendlichen aufzubauen, zu unterschiedlich sind auch hier die Lebenswelten. Um die Jugendlichen miteinander in Kontakt zu bringen, wäre beispielsweise ein Konzept denkbar, welches Schule nicht als reine Lernanstalt, sondern auch als „soziale[n] Lernort" (Fritzsche 2010, S. 163) begreift und sich aktiv um die Integration und das Zusammenwachsen ihrer Schülerschaft bemüht.

Ein dritter Ansatz wäre der Versuch, die Jugendlichen in ihrer Freizeit mehr mit gleichaltrigen „Deutschen" in Kontakt zu bringen. Dieses Ziel verfolgen Mentorenprojekte wie die Kampagne „Willkommen!" des Wiesbadener Flüchtlingsrates oder das „Welcome"-Projekt der Save-Me-Kampagne Mainz. Sie bringen Asylbewerber bzw. Flüchtlinge mit Personen in Kontakt, die

---

[31] Auch wenn in der Fachwelt heftige Debatten darüber geführt werden, wer sich nun an wen anpassen und Integrationsleistungen erbringen sollte, bediene ich mich hier vereinfachend einer sehr simplen Vorstellung: Thema soll hier nicht sein, inwieweit eine Gesellschaft den Einwanderern in „ihr" Land entgegenkommt, sondern nur die Frage danach, was UMF und Betreuer tun können, um die Lebensqualität und die Chancen der UMF in der deutschen Gesellschaft zu erhöhen. Und dazu gehört zweifellos, Kontakte und Beziehungen in dieser Gesellschaft aufzubauen.

„[...] als AnsprechpartnerInnen Kontaktpersonen und Vermittelnden [sic!] Unterstützung für die Menschen mit Fluchterfahrungen leisten, bspw. bei der Orientierung und
dem Kennenlernen der Stadt, beim gemeinsamem Deutschlernen, beim Aufbau zwi-
schenmenschlicher Kontakte, bei der Suche nach Arbeit, Bildung und Ausbildung, bei
der Wohnungssuche, beim Umgang mit Bürokratie, bei der Begleitung zu ÄrztInnen-
und Behördengängen, etc. Durch das Verbringen gemeinsamer Zeit ist eine persönliche Begegnung und Ausgestaltung von Beziehungen möglich, wodurch ein Austausch
über unterschiedliche kulturelle sowie individuelle Aspekte und Interessen stattfinden
kann." (Flüchtlingsrat Wiesbaden 2012, S. 2)

Einige Jugendliche in der besuchten Einrichtung nehmen an solchen Programmen
teil, allerdings scheint der Kontakt zu dem jeweiligen Tandempartner eher zögerlich
zu sein. Ein möglicher Grund hierfür könnte aus meiner Sicht die Tatsache sein, dass
diese Treffen zu institutionalisiert sind: Zum einen dürfte es zwar nicht unmöglich,
aber doch schwierig sein, auf Kommando eine Freundschaft zu einem zugeteilten
Helfer zu entwickeln, und zum anderen sind die Tandempartner durch die beschriebenen Aufgaben eben doch wieder Teil eines Hilfesystems und damit nicht auf einer
Augenhöhe mit den jungen Flüchtlingen.

Eine ungezwungenere Möglichkeit, Kontakte aufzubauen, wäre die Teilnahme
an Sport- und Vereinsangeboten in der Umgebung, denn diese

„[...] ermöglichen Kindern, Jugendlichen und Erwachsenen den Zugang zu öffentli-
chem Raum, wo sie sich regelmäßig versammeln, soziale Netzwerke knüpfen,
Gleichgesinnte treffen, Probleme diskutieren und volle Bewegungsfreiheit genießen
können." (Meier 2010, S. 175)

Besonders im Teamsport stehen nicht die Unterschiede, sondern das gemeinsame
Ziel im Vordergrund und es besteht die Chance, nicht nur „deutsche" Jugendliche
kennenzulernen, sondern auch ein Zugehörigkeitsgefühl zu entwickeln und durch
„kollektive Jubelmomente" (Meier 2010, S. 176), etwa bei dem Sieg der eigenen
Fußballmannschaft, zusammenzuwachsen.

Vereinzelt nehmen die Jugendlichen in der Einrichtung die Angebote nahegele-
gener Vereine an, allerdings berichten die Betreuer, dass die Vereinsmitglied-
schaften häufig nur von kurzer Dauer sind und immer wieder daran scheitern, dass
die Jugendlichen beispielsweise nicht regelmäßig im Training erscheinen.

Es bleibt zu erwähnen, dass es einigen Jugendlichen durchaus auch ohne gezielte
Angebote gelingt, Anschluss an Peergroups außerhalb der Wohngruppe zu finden.
Viele tun sich jedoch schwer und würden gegebenenfalls von unterstützenden Angeboten profitieren, wie diese jedoch gestaltet sein müssten, um Erfolg zu haben,
kann ich an dieser Stelle nicht beantworten. Bei meiner Recherche habe ich zwar
diverse Projekte gefunden, die sich um eine Integration der Jugendlichen bemühen
(erwähnt seien hier beispielsweise die SchlaU-Schule und das hajusom!-Theater[32]),
der Kontakt zu „deutschen" Jugendlichen steht jedoch bei keinem dieser Projekte
explizit im Vordergrund.

---

[32] Mehr Informationen über die Projekte sind unter http://www.schlau-schule.de bzw.
http://www.hajusom.de zu finden.

Die Arbeit mit jungen Flüchtlingen muss auch politisch sein

Ich betrachte es nicht nur als Aufgabe von Sozialpädagogen, die Situation der Einzelnen zu verbessern, so wie es die Betreuer in den Einrichtungen tun, sondern ich sehe sie auch in der Pflicht, die Gesamtsituation junger Flüchtlinge in Deutschland im Blick zu behalten. Um langfristig die Situation unbegleiteter minderjähriger Flüchtlinge in Deutschland zu verbessern, ist ein politisches und gesellschaftliches Engagement vonnöten. Neben der vielfach erwähnten Problematik der langwierigen und kaum am Kindswohl orientierten Asylpolitik ist vor allem auch eine Öffentlichkeitsarbeit notwendig, die die jungen Flüchtlinge ins richtige Licht rückt, denn „[die] Wahrnehmung von UMF ist bislang durch eine Mischung aus Unwissen, Wohltätigkeit und Ablehnung geprägt" (Fritzsche 2010, S. 159). Sprich: Man weiß nicht so recht, woher sie kommen und warum sie da sind, aber in ihrer Rolle als (Waisen-) Kinder wecken sie das Mitleid der Gesellschaft, gleichzeitig besteht jedoch ein Misstrauen, weil sie fremd sind und eventuell nur unser Sozialsystem ausnutzen wollen. Diese stereotypen Diskurse sollten den Lesern bestens vertraut sein und eben sie gilt es zu durchbrechen.

Die Ergebnisse in diesem Buch bestätigen, dass es sich bei den jungen Flüchtlingen nicht nur um eine verletzliche und hilfebedürftige (und damit in den Köpfen vieler Menschen auch kostenintensive) Gruppe handelt, sondern um „Menschen mit Ideen, Ressourcen und Kompetenzen" (Fritzsche 2010, S. 164) und es ist auch Teil der Sozialen Arbeit, dies in das Bewusstsein der Öffentlichkeit zu tragen, um Akzeptanz auf der einen und Selbstbewusstsein auf der anderen Seite zu stärken.

Zudem muss auch auf beiden Seiten eine kontinuierliche Menschenrechtsbildung stattfinden. Allen Beteiligten, den jungen Flüchtlingen wie der Aufnahmegesellschaft, muss bewusst sein, dass die Menschen- und Kinderrechte nicht umsonst als *Rechte* bezeichnet werden: Es handelt sich nicht ausschließlich um einen Gnadenakt unserer Gesellschaft, wenn sie die jungen Flüchtlinge aufnimmt, sondern sie hat sich per Grundgesetz wie auch durch die Unterzeichnung internationaler Abkommen dazu verpflichtet. Daran sollte man nicht nur die Aufnahmegesellschaft immer wieder erinnern, sondern auch die jungen Flüchtlinge, denn diese Erkenntnis könnte neben dem Aufbau von Selbstbewusstsein auch dazu beitragen, die in Kap. 7.2 beschriebenen Schuldgefühle der jungen Flüchtlinge gegenüber ihren Helfern zu reduzieren. Auch Michael Stenger, Leiter der bereits erwähnten SchlaU-Schule, ist überzeugt, „[man] müsse den Jugendlichen immer wieder klar machen, dass sie wertvolle Menschen sind und an der Gesellschaft teilhaben können, dass sie Rechte, aber auch Pflichten haben" (Süddeutsche Zeitung, 17.05.2010). Nur wenn beide Seiten dies anerkennen, haben die jungen Menschen eine Chance, wirklich in Deutschland anzukommen.

Literatur

Adineh, J., 2010: ... raus must du noch lange nicht, sag' mir erst wie alt du bist!. Unbegleitete Minderjährige im Flughafenverfahren. In: Dieckhoff, P. (Hrsg.): Kinderflüchtlinge. Theoretische Grundlagen und berufliches Handeln. Wiesbaden, S. 75-80

Angenendt, S., [4]2009: Wanderungsbewegungen und Globalisierung. Zusammenhänge – Probleme – Handlungsmöglichkeiten. In: Butterwegge, C./Hentges, G. (Hrsg.): Zuwanderung im Zeichen der Globalisierung. Migrations-, Integrations- und Minderheitenpolitik. Wiesbaden, S. 37-54

Apitzsch, G., 2010: Das Deutsche Zuwanderungsgesetz und seine Bedeutung für Kinderflüchtlinge. In: Dieckhoff, P. (Hrsg.): Kinderflüchtlinge. Theoretische Grundlagen und berufliches Handeln. Wiesbaden, S. 81-95

BAMF, 2012: Aktuelle Zahlen zu Asyl. Ausgabe Mai 2012. online verfügbar unter: http://www.bamf.de/SharedDocs/Anlagen/DE/Downloads/Infothek/Statistik/statistik-anlage-teil-4-aktuelle-zahlen-zu-asyl.pdf?__blob=publicationFile (abgerufen am 13.07.2012)

Beer, B., [2]2008: Feldforschungsmethoden. In Beer, B. (Hrsg.): Methoden ethnologischer Feldforschung. Berlin, S. 9-36

Bendel, P., 2004: Flüchtlingsrechte und Menschenrechte in der Europäischen Union. In: Bendel, Petra & Thomas Fischer (Hrsg.): Menschenrechte und Bürgerrechte. Ideengeschichte und internationale Beziehungen. Erlangen, S. 207-228

Bendel, P., [4]2009: Die Migrationspolitik der Europäischen Union. Inhalte, Institutionen und Integrationsperspektiven. In: Butterwegge, C./Hentges, G. (Hrsg.): Zuwanderung im Zeichen der Globalisierung. Migrations-, Integrations- und Minderheitenpolitik. Wiesbaden, S. 123-136

BMZ, 2011: Migration. Chancen für Entwicklung nutzen. Informationsbroschüre 4/2011

Böhm, A., [5]2007: Theoretisches Codieren. Textanalyse in der Grounded Theory. In: Flick, U./von Kardorff, E./Steinke, I. (Hrsg.): Qualitative Forschung. Ein Handbuch. Reinbek bei Hamburg, S. 475-485

Brockhaus (Hrsg.), 1998: Brockhaus Enzyklopädie in vierundzwanzig Bänden, Band 7. Mannheim, S. 400

Broszinski-Schwabe, E., 2011: Interkulturelle Kommunikation. Missverständnisse – Verständigung. Wiesbaden

B-UMF (Hrsg.), 2011: Im Jahr 2010 erreichen über 4.200 UMF das Bundesgebiet. Eine Auswertung des bundesweiten Zugangs von unbegleiteten minderjährigen Flüchtlingen. online verfügbar unter: http://b-umf.de/images/inobhutnahmen-2010-b-umf.pdf (abgerufen am 16.07.2012)

B-UMF/SCEP (Hrsg.), [3]2006: „Statement of good practice". Standards für den Umgang mit unbegleiteten Minderjährigen. Karlsruhe

B-UMF/UNHCR (Hrsg.), 2010: Evaluierung der Aufnahmebedingungen von unbegleiteten Minderjährigen in Hessen. Durchgeführt vom 15.-17. März 2010. online verfügbar unter: http://www.b-umf.de/images/bericht-hessen-2010.pdf (abgerufen am 31.08.2012)

Colville, R., 2007: Refugee or Migrant? In: UNHCR (Hrsg.): Refugee or Migrant? Why it matters. Refugees Nr. 148, Issue 4, 2007. online verfügbar unter: http://www.unhcr.org/publ/ PUBL/475fb0302.pdf (abgerufen am 03.07.2012)

Crisp, J., 2007: Vital Distinction. States are having increasing difficulty distinguishing between refugees and migrants. In: UNHCR (Hrsg.): Refugee or Migrant? Why it matters. Refugees Nr. 148, Issue 4, 2007. Online verfügbar unter: http://www.unhcr.org/publ/PUBL/475 fb0302.pdf. (abgerufen am 03.07.2012) S. 4-11

Detemple, K., 2011: Tu sais, on n'est pas legal. Die Lebenssituation von Subsahara-Migranten in Marokko und die umgebenden organisationellen Strukturen. Unveröffentlichter Bericht

Diakonie Bundesverband (Hrsg.), 2012: Asylbewerberleistungsgesetz – Auf einen Blick. online verfügbar unter: http://www.diakonie.de/2012-Asylbewerberleistungsgesetz-Auf-einen-Blick.pdf (abgerufen am 17.07.2012)

Diederich, H., 2009: Melilla. Transit oder Endstation. Europäische Abschottungspolitik und ihre Folgen für die Flüchtlinge. Frankfurt am Main

Dietz, B./Holzapfel, R., 1999: Kinder aus Familien mit Migrationshintergrund. Kinder in Aussiedlerfamilien und Asylbewerberfamilien. Alleinstehende Kinderflüchtlinge. Opladen

Düvell, F., 2011: Soziologische Aspekte. Zur Lage der Flüchtlinge. In: Ottersbach, M./Prölß, C.-U. (Hrsg.): Flüchtlingsschutz als globale und lokale Herausforderung. Wiesbaden, S. 29-50

Egger, I., 2003: Retraumatisierung von Flüchtlingen durch die Behörden im Aufnahmeland. In: Forster, E./Bieringer, I./Lamott, F. (Hrsg.): Migration und Trauma. Beiträge zu einer reflexiven Flüchtlingsarbeit. Pädagogik und Gesellschaft, Band 1. Münster/ Hamburg/ London, S. 141-150

Espenhorst, N., 2010: Unbegleitete minderjährige Flüchtlinge in der Zwickmühle zwischen Jugend- und Ausländerrecht. In: Stiftung Mitarbeit: Freiwilliges Engagement von Flüchtlingen und für Flüchtlinge. Online verfügbar unter: http://b-umf.de/images/stories/dokumente/publikation_zwickmhle_2010.pdf (abgerufen am 26.08.2012)

Espenhorst, N., 2011: Ein Aufmerksamkeitsdefizit der anderen Art. Es braucht einen anderen Blick auf junge Flüchtlinge. In: Sozial Extra, Zeitschrift für Soziale Arbeit und Sozialpolitik, Ausgabe 9/10 2011. Wiesbaden, S. 19-22

Feichtinger, C./Fink, G., 1999: Der kollektive Kulturschock im Postkommunismus. Journal for East European Management Studies, Ausgabe 2/99. o.A. S. 128-149

Fellmer, S., 2010: Europäische Migrationspolitik gegenüber Drittstaatsangehörigen. Ein klubtheoretischer Deutungsansatz zum Vergemeinschaftungswillen der Nationalstaaten. In: Hunger, U./Aybek, C./Ette, A./Michalowski, I. (Hrsg.): Migrations- und Integrationsprozesse in Europa. Vergemeinschaftung oder nationalstaatliche Lösungswege?. Wiesbaden

Flüchtlingsrat Wiesbaden, 2012: Konzept für das Projekt „Willkommen!". Online verfügbar unter: http://www.fluechtlingsrat-wiesbaden.de/willkommen.html (abgerufen am 03.12.2012)

Fluehr-Lobban, Carolyn, 1998: Ethics. In: Bernard, H. (Hrsg.): Handbook of Methods in Cultural Anthropology. Walnut Creek u.a., S. 173-202

Fritzsche, K., 2010: Menschenrechtsbildung – (nicht nur) für unbegleitete minderjährige Flüchtlinge. In: Dieckhoff, P. (Hrsg.): Kinderflüchtlinge. Theoretische Grundlagen und berufliches Handeln. Wiesbaden. S, 159-167

Goldbach, K., [2]2000: Erstversorgungseinrichtungen. In: Woge e.V. & Institut für soziale Arbeit e.V. (Hrsg.): Handbuch der Sozialen Arbeit mit Kinderflüchtlingen. Münster, S. 449-454

Griepentrog, M., 2011: On ne vit pas, on survit. Die Lebenssituation von Flüchtlingen und Migranten im Transit. Dargestellt anhand der Situation von Subsahara-Migranten in Marokko. Magisterarbeit. Johannes Gutenberg - Universität Mainz, Fachbereich Erziehungswissenschaft

Hauser-Schäublin, B., [2]2008: Teilnehmende Beobachtung. In: In Beer, B. (Hrsg.): Methoden ethnologischer Feldforschung. Berlin, S. 37-58

Hopkins, M., 1998: Whose Lives, Whose Work? Struggling along the Subject-Colleague Continuum. In: Krulfeld, R./MacDonald, J. (Hrsg.): Power, Ethics and Human Rights. Anthropological Studies of Refugee Research and Action. Lanham/ Boulder/ New York/ Oxford, S. 57-72

Kallert, H., [2]2000: Unterbringung. In: Woge e.V. & Institut für soziale Arbeit e.V. (Hrsg.): Handbuch der Sozialen Arbeit mit Kinderflüchtlingen. Münster, S. 442-449

Klingelhöfer, S./Rieker, P., 2003: Junge Flüchtlinge in Deutschland. Expertise zu vorliegenden Informationen, zum Forschungsstand und zum Forschungsbedarf. Halle

Krause, J., 2009: Die Grenzen Europas. Von der Geburt des Territorialstaats zum Europäischen Grenzregime. Frankfurt am Main

Kron, K./ Faber, C., 1973: How Does the Teacher Cope with the Culture Shock? In: The Clearing House No. 8, Vol. 47, S. 506-508. online verfügbar unter: http://www.jstor.org/stable/30184741 (abgerufen am 03.07.2013)

Krulfeld, R., 1998: Exploring New Methods for Collaboration in Ethnographic Research. An Attempt at Overcoming Exploitation and Violation of Informant Rights. In: Krulfeld, R./MacDonald, J. (Hrsg.): Power, Ethics and Human Rights. Anthropological Studies of Refugee Research and Action. Lanham/ Boulder/ New York/ Oxford, S. 21-56

Kühne, P., [2]2010: Politisches Versäumnis und humanitäre Katastrophe. Flüchtlinge – in Deutschland und Europa nicht willkommen. In: Hentges, G./Hinnenkamp, V./Zwengel, A. (Hrsg.): Migrations- und Integrationsforschung in der Diskussion. Biografie, Sprache und Bildung als zentrale Bezugspunkte. Wiesbaden, S. 79-90

Kumin, J., 2007: Control vs. Protection. Refugees, Migrants and the EU. In: UNHCR (Hrsg.): Refugee or Migrant? Why it matters. Refugees Nr. 148, Issue 4, 2007. Online verfügbar unter: http://www.unhcr.org/publ/PUBL/475 fb0302.pdf. (abgerufen am 03.07.2012), S. 25-28

Lahdou, M., 2002: Pourquoi partent-ils? L'Afrique entre pauvreté et exode. In: Barros, L./Lalou, M./Escoffier, C./Pumares, P./Ruspini, P. (Hrsg.): L'immigration irrégulière subsaharienne à travers et vers le Maroc. Cahiers de Migrations Internationales 54 F. Genf

Löhr, T., 2010: Schutz statt Abwehr. Für ein Europa des Asyls. Berlin

Lueger-Schuster, B., 1996: Leben im Transit. In: Lueger-Schuster, B. (Hrsg.): Leben im Transit. Über die psychosoziale Situation von Flüchtlingen und Vertriebenen. Wien, S. 9-42

Lueger-Schuster, B., 2003: Traumatisierte Kinder und Jugendliche. Wie mit dem Unfassbaren leben lernen?. In: Forster, E./Bieringer, I./Lamott, F. (Hrsg.): Migration und Trauma. Beiträge zu einer reflexiven Flüchtlingsarbeit. Pädagogik und Gesellschaft, Band 1. Münster/ Hamburg/ London, S. 119-126

Marischka, C., 2009: RABITs: EU-Polizei für den chronischen Ausnahmezustand?. In: Informationsstelle Militarisierung e.V. (Hrsg.): Widersprüche im erweiterten Grenzraum. Materialien gegen den Krieg, Repression und für andere Verhältnisse 07/2009. Tübingen, S. 34-36

Martini, C., ²2000: Ethnizität. In: Woge e.V. & Institut für soziale Arbeit e.V. (Hrsg.): Handbuch der Sozialen Arbeit mit Kinderflüchtlingen. Münster, S. 115-117

Mayring, P., ⁵2002: Einführung in die qualitative Sozialforschung. Reihe Beltz Studium. Weinheim/ Basel

Meier, M., 2010: Zum ersten Mal im Leben umarmt. Sport und Spiel als Mehrwert für Kinderflüchtlinge. In: Dieckhoff, P. (Hrsg.): Kinderflüchtlinge. Theoretische Grundlagen und berufliches Handeln. Wiesbaden, S. 169-181

Milborn, C., 2009: Gestürmte Festung Europa. Einwanderung zwischen Stacheldraht und Ghetto. Das Schwarzbuch. Frankfurt/ Main

Niedrig, H., 2005: Der Bildungsraum junger Flüchtlinge. In: Hamburger, F./Badawia, T./Hummrich, M. (Hrsg.): Migration und Bildung. Über das Verhältnis von Anerkennung und Zumutung in der Einwanderungsgesellschaft. Wiesbaden, S. 257-275

Nuscheler, F., 1995: Internationale Migration. Flucht und Asyl. Reihe Grundwissen Politik Bd. 14. Opladen

Nuscheler, F., ⁴2009: Globalisierung und ihre Folgen. Gerät die Welt in Bewegung? In: Butterwegge, C./Hentges, G. (Hrsg.): Zuwanderung im Zeichen der Globalisierung. Migrations-, Integrations- und Minderheitenpolitik. Wiesbaden, S. 23-36

Oitner, S., 2011: Das Recht auf Rechte!? Analysen zur Flüchtlingspolitik. Die Rolle von NGOs und der Beitrag Sozialer Arbeit. Saarbrücken

Parusel, B., 2009: Abschottungs- und Anwerbungsstrategien. EU-Institutionen und Arbeitsmigration. Wiesbaden

Riedelsheimer, A., 2010ᵃ: Altersfestsetzung bei Unbegleiteten Minderjährigen. In: Dieckhoff, P. (Hrsg.): Kinderflüchtlinge. Theoretische Grundlagen und berufliches Handeln. Wiesbaden, S. 70-74

Riedelsheimer, A., 2010ᵇ: Clearingverfahren bei Unbegleiteten Minderjährigen. In: Dieckhoff, P. (Hrsg.): Kinderflüchtlinge. Theoretische Grundlagen und berufliches Handeln. Wiesbaden, S. 63-69

Rieger, U., 2010: Kinder auf der Flucht. In: Dieckhoff, P. (Hrsg.): Kinderflüchtlinge. Theoretische Grundlagen und berufliches Handeln. Wiesbaden, S. 21-26

Rieker, P./Weiss, K., ²2000: Monoethnische oder multiethnische Unterbringung? In: Woge e.V. & Institut für soziale Arbeit e.V. (Hrsg.): Handbuch der Sozialen Arbeit mit Kinderflüchtlingen. Münster, S. 539-546

Rieker, P., ²2000: Schule/ Schulbesuch. In: Woge e.V. & Institut für soziale Arbeit e.V. (Hrsg.): Handbuch der Sozialen Arbeit mit Kinderflüchtlingen. Münster, S. 420-428

Rohr, E./Schnabel, B., 2000: Flüchtige Identitäten. Junge, weibliche Flüchtlinge und die Schwierigkeiten, erwachsen zu werden. In: Gruppenanalyse 01/2000, S. 19-34

Save Me Mainz, o.J.: Konzept des Mentorenprogramms „Welcome Mainz". Online verfügbar unter: http://www.save-me-mainz.de/45.html (abgerufen am 03.12.2012)

Schlehe, J., [2]2008: Formen qualitativer ethnographischer Interviews. In: Beer, B. (Hrsg.): Methoden ethnologischer Feldforschung. Berlin, S. 119.142

Schwarz, U./Tamm, A., 2010: Das Gesetz zur Kinder- und Jugendhilfe/ Sozialgesetzbuch VIII und seine Auswirkung auf Unbegleitete Minderjährige Flüchtlinge. In: Dieckhoff, P. (Hrsg.): Kinderflüchtlinge. Theoretische Grundlagen und berufliches Handeln. Wiesbaden, S. 37-48

Selder, B./Kothen, A./Weber, K., 2011: Lager: Begriff und Funktion. In: Pro Asyl & Die Landesflüchtlingsräte (Hrsg.): AusgeLAGERt. Zur Unterbringung von Flüchtlingen in Deutschland. Sonderheft der Flüchtlingsräte. Hildesheim, S. 4-7

Spiegel Online, 2011[a]: Migranten aus Nordafrika. Flüchtlingsansturm spaltet Europa. Artikel vom 11.04.2011, online verfügbar: http://www.spiegel.de/politik/ausland/migranten-aus-nordafrika-fluechtlingsansturm-spaltet-europa-a-756348.html (abgerufen am 03.07.2011)

Spiegel Online, 2011[b]: Flüchtlinge ertrunken. Marineschiff soll Hilferufe ignoriert haben. Artikel vom 15.04.2011. online verfügbar unter: http://www.spiegel.de/politik/ausland/fluechtlinge-ertrunken-marineschiff-soll-hilferufe-ignoriert-haben-a-757404.html (abgerufen am 12.07.2012)

Spiegel Online, 2012: Dutzende Flüchtlinge verdursten im Mittelmeer. Artikel vom 11.07.2012. online verfügbar unter: http://www.spiegel.de/panorama/gesellschaft/dutzende-afrikanische-fluechtlinge-verdursten-auf-dem-weg-nach-italien-a-843729.html (abgerufen am 12.07.2012)

Stauf, E., 2012: Unbegleitete Minderjährige Flüchtlinge in der Jugendhilfe. Bestandsaufnahme und Entwicklungsperspektiven in Rheinland-Pfalz. Mainz

Stolle, M., 2001: Minderjährige unbegleitete Flüchtlinge in Hamburg. Kinder- und jugendpsychiatrische Auffälligkeiten unter besonderer Berücksichtigung der asylrechtlichen Anhörung und des Aufenthaltsstatus. Dissertation. Universität Hamburg, Fachbereich Medizin.

Strauss, A./Corbin, J., 1996: Grounded Theory. Grundlagen Qualitativer Sozialforschung. Weinheim

Studnitz, S./B-UMF, 2011: Ausgrenzung statt Ausbildung. Die Situation junger Flüchtlinge im deutschen Bildungssystem. online verfügbar: http://www.b-umf.de/images/artikel%20ausgrenzung%20statt%20ausbildung%20%20migration%20u%20sozarbeit%20st.pdf (abgerufen am 26.07.2012)

Süddeutsche Zeitung, 2010: Hilfe in der Fremde. Artikel vom 17.05.2010, online verfügbar unter: http://www.sueddeutsche.de/muenchen/integrationsprojekt-hilfe-in-der-fremde-1.468537 (abgerufen am 06.12.2012)

Süddeutsche Zeitung, 2011: Harte Fragen an die Nato. Artikel vom 06.08.2011, online verfügbar unter: http://www.sueddeutsche.de/politik/fluechtlingskatastrophe-vor-lampedusa-harte-fragen-an-die-nato-1.1128734 (abgerufen am 13.07.2012)

Süddeutsche Zeitung, 2012: Asylbewerber-Urteil. Halbe Menschen, ganze Menschen. Artikel vom 18.07.2012, online verfügbar: http://www.sueddeutsche.de/politik/asylbewerber-urteil-halbe-menschen-ganze-menschen-1.1415432 (abgerufen am 18.07.2012)

Teckentrup, G., 2010: Wenn der Körper die Seele entlastet. Somatische Symptome als Reaktionen auf extreme Traumatisierung. In: Dieckhoff, P. (Hrsg.): Kinderflüchtlinge. Theoretische Grundlagen und berufliches Handeln. Wiesbaden, S. 97-111

Theilmann, S., 2005: Lernen, Lehren, Macht. Zu Möglichkeitsräumen in der pädagogischen Arbeit mit unbegleiteten minderjährigen Flüchtlingen. Oldenburg, S. 59-104

UNHCR, 2007: Refugee or Migrant? Why it matters. Refugees Nr. 148, Issue 4, 2007. online verfügbar unter: http://www.unhcr.org/publ/PUBL/475fb0302.pdf

UNHCR, 2010: Statistical Yearbook 2009. Trends in displacement, protection and solutions. Genf

UNHCR, 2012: A year of crises. UNHCR Global Trends 2011. Online verfügbar unter: http://www.unhcr.org/4fd6f87f9.html (abgerufen am 23.06.2012)

Voigt, C., 2010: Finanzielle Leistungen auf der Grundlage Gesetzlicher Vorgaben. In: Dieckhoff, P. (Hrsg.): Kinderflüchtlinge. Theoretische Grundlagen und berufliches Handeln. Wiesbaden, S. 49-58

Wolff, S., 1992: Die Anatomie der Dichten Beschreibung. Clifford Geertz als Autor. In: Matthes, J. (Hrsg.): Zwischen den Kulturen? Die Sozialwissenschaften vor dem Problem des Kulturvergleichs. Göttingen, S. 339-362

Zenk, R., [2]2000[a]: Identität. In: Woge e.V. & Institut für soziale Arbeit e.V. (Hrsg.): Handbuch der Sozialen Arbeit mit Kinderflüchtlingen. Münster, S. 359-369

Zenk, R., [2]2000[b]: Doppelidentität. In: Woge e.V. & Institut für soziale Arbeit e.V. (Hrsg.): Handbuch der Sozialen Arbeit mit Kinderflüchtlingen. Münster, S. 394-400

Gesetzestexte, Konventionen und Verordnungen

AEMR – Allgemeine Erklärung der Menschenrechte vom 10. Dezember 1948. online verfügbar unter: http://daten.schule.at/dl/AEMR.pdf (abgerufen am 05.07.2012)

AsylVfG – Asylverfahrensgesetz. online verfügbar unter: http://www.gesetze-im-internet.de/asylvfg_1992/ (abgerufen am 24.08.2012)

AufenthG – Gesetz über den Aufenthalt, die Erwerbstätigkeit und die Integration von Ausländern im Bundesgebiet. online verfügbar unter: http://www.gesetze-im-internet.de/aufenthg_2004/ (abgerufen am 24.08.2012)

AufenthV – Aufenthaltsverordnung. online verfügbar unter: http://www.gesetze-im-internet.de/aufenthv/ (abgerufen am 24.08.2012)

EMRK – Konvention zum Schutze der Menschenrechte und Grundfreiheiten vom 04. November 1950. online verfügbar unter: http://www.admin.ch/ch/d/sr/i1/0.101.de.pdf (abgerufen am 08.07.2012)

GFK – Abkommen über die Rechtsstellung der Flüchtlinge vom 28. Juli 1951. online verfügbar unter: http://www.unhcr.de/fileadmin/user_upload/dokumente/03_profil_begriffe/genfer_fluechtlingskonvention/Genfer_Fluechtlingskonvention_und_New_Yorker_Protokoll.pdf (abgerufen am 05.07.2012)

GG – Grundgesetz für die Bundesrepublik Deutschland (GG). online verfügbar unter: http://www.gesetze-im-internet.de/gg/ (abgerufen am 08.07.2012)

OAU-Konvention – Konvention der Organisation für Afrikanische Einheit zur Regelung der Probleme von Flüchtlingen in Afrika vom 06. Oktober 1969. online verfügbar unter:

http://www.unhcr.ch/fileadmin/rechtsinfos/fluechtlingsrecht/1_international/1_1_voelkerr echt/1_1_5/FR_int_vr_OAU-Konvention.pdf (abgerufen am 08.07.2012)

UN-KRK – Übereinkommen über die Rechte des Kindes vom 20. November 1989. online verfügbar unter: http://www.unicef.de/fileadmin/content_media/Aktionen/Kinderrechte18 /UN-Kinderrechtskonvention.pdf (abgerufen am 05.07.2012)

Anhang

Anhang 1: Liste der befragten Jugendlichen

	IP1	IP2	IP3	IP5	IP7
Datum, Ort des Gesprächs	30.07.12 Wohnung der IP	04.08.2012 Wohnung der IP	07.08.2012 Büro der JHE	15.08.2012, Zimmer der IP	Protokoll mehrerer Begegnungen
Geschlecht, Alter	m, 18	m, 19	m, 18	m, 18	m, <18
Ankunft in Deutschland	2010	2009	2011	2010	-
Aufenthaltsstatus	Aufenthaltserlaubnis	Aufenthaltserlaubnis	Duldung (3 Monate)	Aufenthaltserlaubnis	-
Angehörige in Deutschland	nein	Onkel, Tante, Schwester	Onkel	nein	-
Schulbildung	derzeit Berufsausbildung	derzeit Berufsausbildung	derzeit Schulbesuch	derzeit Schulbesuch	-
Fluchtweg, sonstiges	Landweg	Landweg & Flug; enger Kontakt zur Familie im Herkunftsland	Landweg; extrem lange Fluchtgeschichte	Landweg; Flucht von der Familie beschlossen, nicht aus eigener Motivation	IP lehnt Veröffentlichung ihrer Daten ab

Anhang 2: Verwendete Transkriptionszeichen

Transkriptionszeichen

-	Stocken
/../	kurze Pause
/.../	lange Pause
/?/	unverständliches Wort
/...?/	mehrere unverständliche Worte
/etwa so?/	vermuteter Wortlaut
betont	betont
l a n g s a m	langsames Sprechen
[...]	Passage übersprungen
/gestikuliert/	nichtsprachliches Ereignis/
/flüstert/	Beschreibung des Tonfalls

(angelehnt an Kallmeyer/Schütze 1976)

Abkürzungen

IP1-7	Interviewpartner
B., D., Me., R., S., T., U.	Betreuer
E.	Nachbarort der Einrichtung
KD	Katharina Detemple
L.	Stadt nahe der Einrichtung
M.	nächstgelegene Stadt zur Einrichtung
N.	Ort der Jugendhilfeeinrichtung
Z.	Einrichtungsleitung